JN157040

エダモンの
今日から
子どもおかず
名人
枝元なほみ

いつも家族のごはんを考えているみなさま。まずはお疲れ様っ！

毎日毎食、さあ何を食べよう、
何を食べてもらおう、って
考えるのはほんとに大変だよね。
私たち、じゅうぶん頑張っていると思うの。
もう少し、「えらいね」って
褒めてもらえてもいいと思うとき、あるなぁ。
だって時間やお金や体力をやりくりしながら
ほんとに頑張っているもの。

だから、買ってきたお惣菜が食卓に登場するのも、
ラーメン屋さんにみんなで出かけるのも
アリだと思う。

でもね、それでもやっぱり、
自分で作った料理を
「おいしい!」って食べてもらえると、
すごく嬉しいし、すごく元気になると思うの。
よーし明日も頑張ろう、っていう気にもなるよね。
だから「意外にできるぞ私」とか
「料理って楽しい」と感じられたら、
毎日がもっと嬉しくなると思うんです。

さあ肩の力を抜いて、目指しましょうか、
「おかず名人」。

Contents

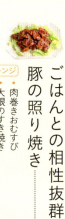

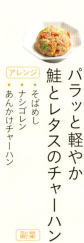

PART 3
少し多めに作ってラクしよう
作り置きおかず …… 47

コクたっぷりのミートソーススパゲティ …… 48
アレンジ
- ハワイアンポークソテー
- ミートソースのアボカドカップグラタン
- キャベツごはんのミートソースがけ

副菜
- スナップエンドウと新じゃがのサラダ
- キャベツと卵のスープ

自家製ホワイトソースで作るエビマカロニグラタン …… 54
アレンジ
- サーモンクリームシチュー
- グラタンコロッケ
- チキンとトマトのグラタン

副菜
- 子どものサングリア&大人の白サングリア
- モロッカン・ガーリックトースト&温野菜

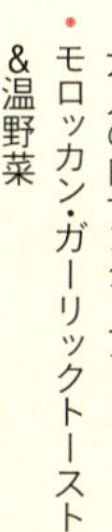

フライパンで手軽に！ほくほく肉じゃが …… 60
アレンジ
- 肉じゃが入り田舎風オムレツ
- ちょっと和風サモサ
- 肉じゃがポテトサラダ

副菜
- レタスと青菜の味噌和えサラダ
- いろいろきのこの炊き込みごはん

PART 4
今日はちょっと特別
イベントおかず …… 67

ボリューム満点 中華風の鶏団子鍋 …… 68
アレンジ
- 皿うどん風あんかけ焼きそば
- 白菜シューマイ
- お弁当鶏つくね

副菜
- 〆のごま風味めん
- おうち杏仁豆腐

香ばしさが自慢 定番焼き餃子 …… 74
アレンジ
- 餃子入り中華風オムレツ
- アップルパイ風デザート餃子
- 餃子味噌汁

副菜
- もやしのナムル
- 春雨としめじ、卵のスープ

ジューシーBBQチキンスティック&野菜の串焼き …… 80
アレンジ
- グリルチキン
- チキンスペアリブのBBQソース煮
- ステーキ肉&厚切り肉のお肉スティック

副菜
- スパムと卵のおにぎらず
- カレー風味のコールスロー

ふわふわ卵サンド&チキンカツサンド …… 86
アレンジ
- かに玉ロールサンド
- チキン味噌カツ丼
- トマたま炒め

副菜
- ひよこ豆のサラダ
- ジンジャーチャイ&黒糖ラテ

COLUMN あると頼りになる調理道具 …… 26
COLUMN エダモンが信頼している調味料 …… 46
COLUMN 料理がぐんとラクになるアイディア …… 66
材料別さくいん …… 92

この本の使い方

副菜
厚揚げとちくわの煮物
ザーサイスープ

読めば作りたくなるエッセイ付き

各料理の最初のページでは、献立例を紹介する写真とともに、その料理にちなんだ枝元さんのエッセイを掲載しています。

パラッと軽やか
鮭とレタスのチャーハン

主菜に合う副菜のレシピを紹介

メインおかずと一緒に作りたい副菜のレシピも紹介。さっと作れる簡単なものばかりなのでぜひ作ってみてください。

完成写真を大きく掲載

できあがりのイメージができていると、料理はより楽しくなります。盛りつけの参考にしてください。

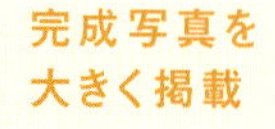

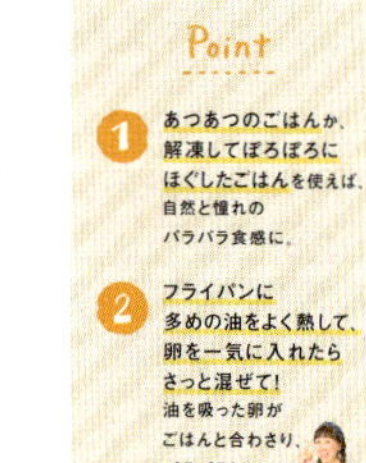

所要時間がわかるアイコン付き

所要時間の目安や、早く作れるものには「時短」、お弁当おかずとして活用できるものには「お弁当」など一目でわかるアイコンをつけました。

写真のように作れば必ずおいしくなる!

料理しながらでも見やすいように、プロセスカットを大きく掲載しました。この通りに作れば、今日から「子どもおかず名人」に!

調理のポイントをわかりやすく解説

これさえ押さえておけばおいしく作れるポイントを、ていねいに解説。知っておくとタメになるテクが満載です。

本書のルール

- 料理の分量はそれぞれの材料表に（4人分）（12個分）などと表記されていますので、目安にしてください。
- 計量単位は小さじ1=5mℓ、大さじ1=15mℓ、1カップ=200mℓ、米1合=180mℓです。
- 野菜は特に指定がない場合は洗う作業と、皮をむく作業は済ませてからの手順を説明しています。またへたやガク、筋、種を取るなどの基本的な手順は省いています。
- 火加減は特に指定のない場合は中火です。
- だしは昆布やかつお節で取っただしを使用しています。市販の和風だしを使用する場合は、パッケージの表示通りに使い、味を見て加減してください。
- 調味料は特に指定がない場合、しょうゆは濃い口しょうゆ、砂糖は上白糖を使用しています。
- はちみつを使った料理は1歳未満の子どもに食べさせないよう気をつけてください。
- 電子レンジの加熱時間は600Wの場合のものです。500Wの場合は1.2倍にしてください。オーブントースターは800～1000Wの場合のものです。機種によって加熱時間に多少の差がありますので様子を見て加減してください。
- フライパンはフッ素樹脂加工のものを使用しています。
- 「室温にもどす」の場合は約20℃を目安にしてください。

みんな大好き！

テッパンおかず

これさえ作ればみんなが喜ぶ、
そんなおかずの手持ち札が増えると
毎日の料理がぐっと進歩するよ。
子どもたちのヒーローにもなれるよ、きっと！

recipe 01

鶏のジューシーから揚げ＆フライドポテト

から揚げがあるだけでみんなハッピーに

なんでこうみんな、から揚げが大好きなんでしょう。から揚げってまるで、キング・オブ・お惣菜。「から揚げさえあればハッピー！」っていう人がたくさんいるんだもの、おいしいから揚げを作れたらたくさんの人を幸せにできちゃいそう。

から揚げって、スーパーのお惣菜売り場でもコンビニのほかほかケースの中でも売っているけど、やっぱりできたてにかなうものはないんじゃないかな。

子どもたちの好きなフライドポテトも一緒に揚げちゃえば経済的。ポテトをフライパンに入れて常温の油を注いでから作るので、初心者マークの人にもラクラクだよ。野菜も忘れずに食べて欲しいから、特製の豆腐ディップを添えた蒸しゅで野菜も一緒に。

さあ、まずはトライ！　楽しんでいきましょー。

お弁当 ボリューム

鶏のジューシーから揚げ

材料(たっぷり4人分)
鶏もも肉…3枚(約750g)
A
にんにく(すりおろし)、しょうが(すりおろし)…各大さじ1／2
しょうゆ、酒、プレーンヨーグルト…各大さじ1と1／2強
みりん…大さじ1
塩…小さじ1／2
卵…1／2個分
薄力粉…大さじ3
片栗粉…適量(約大さじ4)
揚げ油…適量

フライドポテト

材料(たっぷり4人分)
じゃがいも…3個(約450g)
B
粉チーズ…小さじ2
カレー粉、ガーリックパウダー…各小さじ1／3
揚げ油…適量

1 鶏肉の余計な脂を除いて、切る

鶏肉は皮を下にしてまな板に置き、フチについている白っぽいふやふやとした余計な脂を除く。鶏肉1枚を8～10等分の大きさに切る。鶏肉の水けをペーパータオルで押さえて、ポリ袋に入れてAと混ぜる。

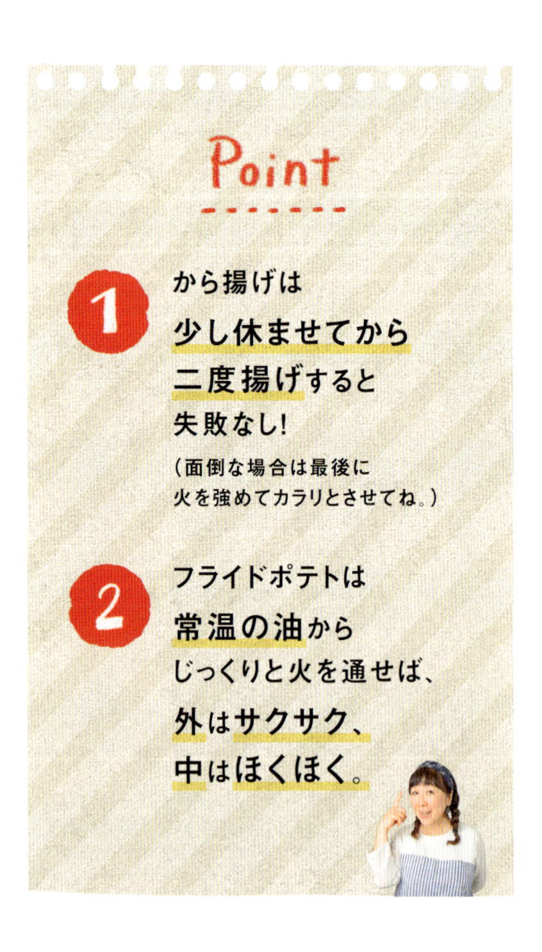

Point
1 から揚げは少し休ませてから二度揚げすると失敗なし!
(面倒な場合は最後に火を強めてカラリとさせてね。)
2 フライドポテトは常温の油からじっくりと火を通せば、外はサクサク、中はほくほく。

4 片栗粉をまぶしながら鶏肉を揚げる

1の袋に卵を入れてもみ込み、薄力粉も加えてさらにもみ込む。バットに片栗粉を入れ、鶏肉をポリ袋から取り出して表面に片栗粉をまぶす。3のフライパンの揚げ油を再び中温（180℃）に熱し揚げる。

5 衣のフチが固まってきたら裏返す合図!

フチが白っぽく固まってくるまで3～4分を目安に揚げて裏返し、さらに2～3分揚げたら引き上げる。火を強めて、もう一度から揚げを入れて約1分揚げる。二度揚げが面倒な場合は、最後に火を強めてカラリとさせる。

2 じゃがいもをくし形に切って、油で揚げる

じゃがいもは皮付きのまま1個を半分に切って、4等分のくし形切りにする。フライパンにじゃがいもを入れ、ひたひたまで常温の油を注ぐ。強めの中火にかけて、じゃがいもから気泡が出てきたら、中火にして約5分混ぜたり返したりせずに、そのまま揚げる。まわりが透明になってきたら裏返す。

3 仕上げに強火にして揚げ色をつける

さらに2～3分、竹串がすっと通るまで揚げる。火を強めておいしそうな揚げ色がついたら引き上げ、油を切る。まだ熱いうちに紙袋に入れてBを振り入れ、袋の口を閉じてしゃかしゃかと振って味をまぶす。バットなどに広げる。

から揚げ&フライドポテトアレンジ

驚きのアイディア！
肉じゃががわずか10分で完成

鶏肉じゃが

材料（2～3人分）

基本の鶏のから揚げ
…10～12個
基本のフライドポテト
…1／3～半量
スナップエンドウ
…10本
しらたき…1玉
（200～250g）

A
きび砂糖…小さじ2
酒、みりん、しょうゆ
…各大さじ1～
1と1／2
だし…200㎖

作り方

1 スナップエンドウは筋を取る。鍋に湯を沸かしてスナップエンドウを入れる。約2分ゆでたら引き上げて冷水に取り、斜め半分に切る。
2 しらたきを1の鍋に入れて、再沸騰したらざるにあげて湯を切り、キッチンばさみで食べやすい長さに切る。
3 鍋にAを入れてじゅわじゅわと煮立て、だしとしらたきを入れる。再び煮立ったら中火にして4～5分煮て、鶏のから揚げとフライドポテトを加えて中火で約3分煮る。最後に1を加えてさっと混ぜ、皿に盛る。

から揚げアレンジ

子どもが好きなタルタルソースを
たっぷり添えた宮崎の名物料理

鶏南蛮

材料（2～3人分）

基本の鶏のから揚げ…12個
A
めんつゆ（ストレートタイプ）…大さじ1
酢…小さじ1
ゆで卵…1個
マヨネーズ…大さじ2～3
レタス…適量

作り方

1 オーブントースターの天板にオーブンペーパーをしき、から揚げをのせて3～4分焼いて温める。ボウルにAを入れて混ぜ、温めたから揚げを入れて和える。
2 ゆで卵を刻み、マヨネーズと混ぜる。
3 レタスは食べやすい大きさにちぎって、1と皿に盛り、2を添える。

おすすめ

副菜 主菜と合わせて30分で完成!

豆腐ディップと蒸し野菜

ふわふわディップで
野菜もパクパク食べられます

材料(4人分)

絹ごし豆腐…
　1／2丁(約150g)
A
　白練りごま
　　…大さじ1
　砂糖…小さじ1
　昆布茶
　　…小さじ1／2
　塩…小さじ1／3
ブロッコリー…1株
にんじん…小1本
かぶ…2個
塩…少々

作り方

1 豆腐を布巾などで包んできゅっと押さえ、水けを絞ってボウルに入れ、Aを入れてよく混ぜる。
2 ブロッコリーは小房に分けて(軸は取っておく)、にんじんは半分の長さに切り、縦に食べやすい棒状に切る。かぶは皮付きのまま、4～6等分のくし形切りにする(茎は取っておく)。
3 フライパンににんじん、水200mℓを入れ、蓋をして強火にかける。沸いたら約2分蒸しゆでする。かぶとブロッコリーも加えて塩を振り、再び蓋をして強火にし、蒸気が上がって温まってから、さらに2分半蒸しゆでにして取り出す。
4 3に1の豆腐ディップを添えてつけながらいただく。

残り物お味噌汁

から揚げに使った卵と
蒸し野菜の残りを使って

材料(4人分)

ブロッコリーの軸…1株分
かぶの茎…2本分
溶き卵…1／2個分
かつお節…大きくひとつかみ
味噌…大さじ2と1／2

作り方

1 ブロッコリーの茎は皮を厚くむき、食べやすい大きさに刻む。かぶの茎は1cmの長さに刻む。
2 小鍋に湯500mℓを沸かし、味噌こしや手付きのざるにかつお節を入れて沈める。菜箸でかつお節を混ぜながら1～2分煮出して引き上げる。
3 2の鍋に1の野菜を入れ、約2分ゆでる。味噌を溶き入れて、最後に溶き卵を回し入れる。卵がふわっと浮き上がってきたらできあがり。

から揚げアレンジ

翌日の朝ごはんにおすすめ
くるくる巻けば食べやすいね

から揚げロール

材料(3人分)

基本の鶏のから揚げ…6個
食パン(サンドイッチ用)
　…3枚
ミディトマト…1個
ベビーリーフ…適量
マヨネーズ…適量

作り方

1 トマトは6等分のくし形切りにする。
2 パンに薄くマヨネーズを塗り、ベビーリーフを対角線上にのせて、その上にから揚げをのせる。斜めにくるりと巻き、オーブンペーパーかアルミホイルでまわりを包む。仕上げにトマトを差し込むように入れる。

recipe 02

肉汁たっぷりハンバーグ＆マッシュルームソテー

手でしっかりこねるとふっくら喜んでもらえるってうれしいね

ずいぶん昔のこと、小学生だった私は母の友人の息子の、大好きだったお兄さんにハンバーグを作りました。一所懸命でした。ハンバーグが大好きだったから、お兄さんのためにおいしく作ってあげたくて、そりゃ頑張りましたよ。

今思えばギリギリの出来、でもそれが私のハンバーグの原点。誰かにおいしく食べてもらおうと料理を作るのって、作る人の力になるもの。手を汚さないようにポリ袋で作る方法もあるけど、この頃からハンバーグはどうも手のひらを使ってよくこねたい、と思うようになったの。手加減、って言うでしょ、手で加減がわかるようになってくるから。で、よくこねて、空気を抜いて形を作って、ふっくら焼けたときのうれしさったら。合わせたかぶのポタージュもマッシュルームソテーも相性よしですよ！

お弁当 ボリューム

肉汁たっぷりハンバーグ

30分

材料（作りやすい分量）

合いびき肉…600g
玉ねぎ…1個
バター…18g
パン粉…1カップ
牛乳…大さじ3
A
塩…小さじ2／3
こしょう、ナツメグ
…各小さじ1／3
卵…小2個
薄力粉…大さじ1と1／2
B
水…100mℓ
ケチャップ…大さじ3
中濃ソース…大さじ2
はちみつ、
チキンコンソメ（顆粒）
…各小さじ1／2
オリーブオイル…適量

マッシュルームソテー

材料（4人分）

マッシュルーム
…1パック（7～8個）
かぶ（葉付きのもの）…4個
オリーブオイル…大さじ1
塩…小さじ1／3～1／2
粉チーズ…小さじ2

おまけ
チャック付き袋に4のかぶの皮、しょうゆ、酢、水各大さじ1を入れて浅漬けを作る。ミニトマト適量と和えて皿に盛る。

1 玉ねぎは切ってレンジでチン

玉ねぎはみじん切りにし、耐熱ボウルに入れてバター8gをのせてラップをし、電子レンジで3分加熱する。バットなどに広げて冷ます。ボウルにパン粉、牛乳を入れて混ぜておく。

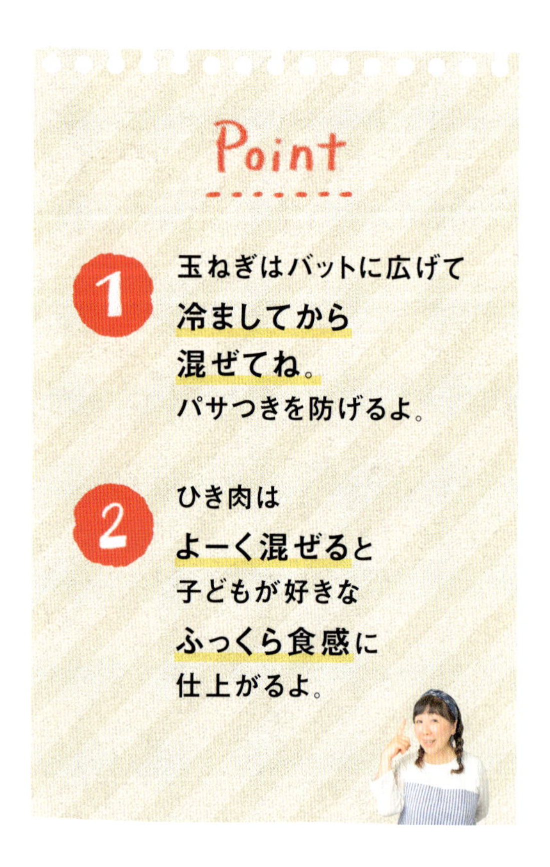

Point
1 玉ねぎはバットに広げて冷ましてから混ぜてね。パサつきを防げるよ。
2 ひき肉はよーく混ぜると子どもが好きなふっくら食感に仕上がるよ。

2 肉をよくこねる

ボウルにひき肉、Aを入れて、ひき肉のつぶつぶがなくなって一体化し、白っぽくなるまで3～4分こねる。卵を加えて一体化するまでよく混ぜる。1のパン粉と玉ねぎを入れて均一になるまで混ぜる。

3 ハンバーグを成形する

両手でキャッチボールをするようにして空気を抜き、楕円形に形をととのえる。※あまったら、チャック付き袋に入れて冷凍保存する。冷凍で約2週間保存可。

4 ソテーを作る

マッシュルームはあれば石突きを切り落とし、幅4等分に切る。かぶは茎と葉は刻み、皮はむいておく（皮は浅漬け用にとっておく）。フライパンにオリーブオイルを中火で熱し、マッシュルーム、かぶの茎と葉を入れて、強めの中火にして炒める。全体が温まってきたら、弱火にして塩、粉チーズを加え味をととのえる。蓋をして艶やかになるまで蒸し焼きにする。

5 ハンバーグを焼く

フライパンにオリーブオイルを熱し、3を並べ入れる。中火で片面を約3分焼き、焼き色がついたら裏返す。水100mℓを注ぎ、蓋をして弱火で4～5分蒸し焼きにする。ハンバーグを皿に取り出し、その上に蓋をして余熱で温める。フライパンにバター10gを入れて溶かしたら、薄力粉を加えて混ぜる。Bを加えてさらに混ぜながら煮て、とろみがついたらハンバーグにかける。

ハンバーグアレンジ

とろ〜りチーズに子どもも大喜び
肉は室温にもどすとジューシー

チーズハンバーグ

材料(2〜3人分)

基本のハンバーグのタネ
…1／3量
ナチュラルチーズ（かたまり）
…40〜60g
トマト…1個
A
ケチャップ…大さじ2
オリーブオイル
…小さじ1〜2
にんにく(すりおろし)…少々
しょうゆ…小さじ1／2
芽キャベツ
…12〜15個
にんじん
…小1本
オリーブオイル
…小さじ2
B
チキンコンソメ(顆粒)
…小さじ1／2
塩…小さじ1／4
バター…5〜8g

作り方

1 チーズはひとつのかたまりが約20gになるよう人数分に切る。トマトは1cm角に切り、芽キャベツは半分に切る。にんじんは1cmの輪切りにし、一口大に切る。
2 （冷凍保存していた場合は解凍する。）ハンバーグのタネを室温にもどし、人数分に分けて、中心にチーズを入れて成形する。フライパンにオリーブオイルを熱し、基本のハンバーグ同様に焼き、取り出す。その上に蓋をして余熱で温める。
3 鍋に芽キャベツ、にんじん、水200mℓを入れて強火にかける。沸騰したらBを入れて強めの中火で7〜8分、芽キャベツに竹串がすっと通るまでゆでる。強火にして水分を飛ばし、バターを加えてからめる。
4 フライパンにトマトとAを入れ、混ぜながらさっと温めてソースを作り、ハンバーグにかける。芽キャベツとにんじんを添える。

ハンバーグアレンジ

炊飯器に材料を入れて炊くだけでOK
お弁当にも活用できます

ミートボールピラフ

材料(4人分)

基本のハンバーグのタネ
…1／3量
米…2カップ（400mℓ）
しめじ
…大1パック（約150g）
A
トマトジュース…80mℓ
チキンコンソメ（顆粒）
…大さじ1／2
塩…小さじ2／3
ケチャップ…大さじ3
バター…適量
パセリ（みじん切り）…適宜
粗挽き黒こしょう…適宜

作り方

1 米は研いでざるにあげる。しめじは石突きを切り落とし、小房に分ける。室温にもどしたハンバーグのタネをミートボール大に丸める。米を炊飯器の内釜に入れ、Aを加えて混ぜる。水360mℓを加えてさらに混ぜる。上にミートボールとしめじをのせて通常通りに炊く。
2 炊きあがったら、ケチャップとバターを加えて混ぜ、器に盛る。上に好みでパセリやこしょう、ケチャップ（分量外）をかける。

おすすめ **副菜** 主菜と合わせて **40分** で完成!

里いもとアボカドのサラダ

ねっとりした独特の食感がクセになる

材料（4人分）

里いも…大3個（約200g）
アボカド…小1個
A
- 塩…小さじ1／2
- 昆布茶…小さじ1／2
- オリーブオイル…大さじ1と1／2

レモン汁…大さじ1／2

作り方

1 里いもは皮付きのままよく洗って半分に切り、耐熱ボウルに入れる。ラップをして、電子レンジで4～5分、竹串がすっと通るまで加熱し、そのまま少し置いて粗熱を取って皮をむく。
2 1にAを加えて軽くつぶしながら混ぜる。アボカドは皮をむき、一口大に切ってレモン汁をまぶし、つぶした里いもに加えてさっと混ぜる。

かぶのポタージュ

子どもウケ抜群のクリーミースープ

材料（4人分）

かぶ…4個
玉ねぎ…小1／2個
長ねぎ（白い部分）…1／2本
バター…10g
薄力粉…大さじ1と1／2
塩…小さじ1／2
チキンコンソメ（顆粒）…小さじ2
クリームチーズ…50g
こしょう…少々
オリーブオイル…大さじ1

作り方

1 かぶは皮をむいて約1cm角に切る。玉ねぎは薄切りにし、長ねぎは縦半分に切ってから斜め薄切りにする。
2 鍋にオリーブオイルを中火で熱し、玉ねぎと長ねぎを入れてしんなりするまで炒める。バターを加えて溶かし、かぶを加えて温まって透明感が出てくるまで約2分炒め、薄力粉と塩を振って粉っぽさがなくなるまで混ぜる。
3 水800mℓを混ぜながら加えて、煮立ったらチキンコンソメとクリームチーズを加える。蓋を少しずらしてのせ、中火で10～15分煮たら、かぶを少しつぶすようにしてチーズも溶かしてなじませる。塩（分量外）、こしょうで味をととのえる。

ハンバーグアレンジ

たっぷりキャベツでかさ増し効果も!
みんなで切り分けて食べて

揚げない ビッグメンチカツ

材料（直径約16cm1枚分）

基本のハンバーグのタネ…1／3量
キャベツ…3～4枚（約250g）
カレー粉…小さじ1
パン粉…約1カップ
サラダ油…大さじ3
中濃ソース…適量

作り方

1 キャベツは芯をよけて、縦に（芯の向きに沿って）4等分に切り、重ねる。端から4～5mm幅に切る。
2 ボウルに室温にもどしたハンバーグのタネ、1、カレー粉を入れてキャベツがしんなりして一体化するまで混ぜ、直径約16cmの大きな楕円形に成形する。
3 フライパンにサラダ油大さじ2を入れ、パン粉の半量を2に形を合わせて丸く広げ、その上に2をのせる。上に残りのパン粉も広げてのせ、蓋をして強めの中火にかける。蓋に蒸気がつくくらいに温まったら、中火にして5分焼く。皿に滑らせるようにして一度取り出す。フライパンにサラダ油大さじ1を入れ、皿ごとひっくり返すようにしてメンチをもどし、今度は蓋をせずに裏面も4～5分焼く。取り出して食べやすい大きさに切り、ソースをかける。

recipe 03

サクサクコロッケ＆コールスロー

揚げたては格別！お手軽レシピを試してみて

コロッケづくりは、はっきり言って手間がかかるんだよね。じゃがいもをゆでてつぶして、具のひき肉と玉ねぎを炒めて混ぜて、形を作って衣をつけて、そうしてようやく最後の難題の「揚げる」工程に。ふうう、ため息が出ちゃうね。おまけにお惣菜売り場のコロッケは安いしね。

でもね、頑張ってみるとけっこう達成感あるよ。安心できる材料ときちんと選んだ油で揚げて、揚げたてを食べられるんだもん。

じゃがいもゆでをレンジで、衣つけも少し簡単にして、作りやすいレシピにしたから試してみてね。キャベツのコールスローも、作り慣れればいろいろな場面で役立つはず。持ち寄りパーティーにコロッケを持参して、「手づくりだよ！」なんて、ちょっと自慢できそうじゃない？

お弁当

サクサクコロッケ

40分

材料（作りやすい分量）

じゃがいも
　…4個（約600g）
合いびき肉…100g
玉ねぎ…1／2個
A
　酒…大さじ1
　しょうゆ…小さじ1
　塩…小さじ1／3
　こしょう…少々
サラダ油…小さじ1
バター…10g
塩…小さじ1／3
B
　卵…小1個
　薄力粉…大さじ4
　片栗粉…小さじ1
　塩…少々
　水…大さじ1～2
パン粉…適量
揚げ油…適量

コールスロー

材料（4人分）

キャベツ…3枚
パプリカ（黄）…1／2個
C
　酢（または白ワインビネガーや米酢、リンゴ酢など）、
　オリーブオイル…各大さじ1
　砂糖…小さじ1／2
　塩…小さじ1／3
マヨネーズ…大さじ2
粗挽き黒こしょう…少々

1 野菜を切る＆コールスローを作る

じゃがいもは洗って皮付きのまま半分に切り、耐熱ボウルに入れる。ふんわりとラップをして電子レンジで12分加熱する。玉ねぎはみじん切りにし、パプリカは1.5㎝角に切る。キャベツは芯をよけて2～3㎝幅の細切りにし、芯はみじん切りにする。ボウルにキャベツを入れ、Cを加えて手のひらでもみ込むようにして、軽くしんなりするまで混ぜる。さらにパプリカとマヨネーズを加えて混ぜる。仕上げにこしょうを振る。

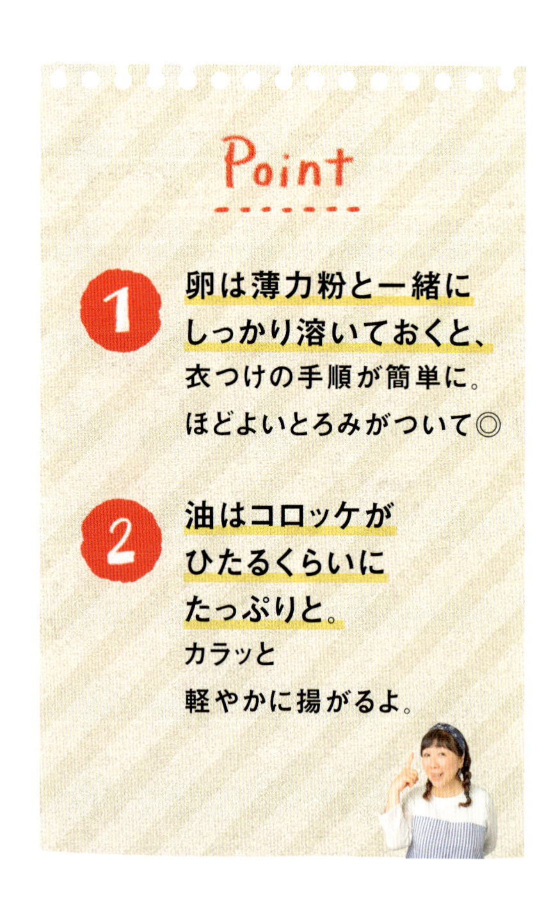

Point
1
卵は薄力粉と一緒にしっかり溶いておくと、衣つけの手順が簡単に。
ほどよいとろみがついて◎
2
油はコロッケがひたるくらいにたっぷりと。
カラッと軽やかに揚がるよ。

2 玉ねぎとひき肉を炒める

フライパンにサラダ油小さじ1（分量外）を熱し、玉ねぎとひき肉を入れ、ほぐしながら炒める。肉の色が変わったらAを加えて混ぜ、火を止める。

3 じゃがいもをつぶす

1で加熱したじゃがいもの粗熱が取れたら、皮をむく。ボウルにもどし入れてバター、塩を加え、めん棒でつぶす。2を加えてよく混ぜ、8等分にする。

4 衣をつける

Bをバットに入れてフォークなどでよく混ぜる。パン粉も別のバットに用意する。小判形に成形した3をB、パン粉の順につける。

5 揚げる

フライパンか小さめの鍋に揚げ油を入れて熱する。菜箸を入れて、箸の先から小さめの気泡が出てくる温度（約170℃）になったら4を3～4個ずつ入れる。約2分揚げて、底面が色づいたら裏返す。両面がきつね色になったら引き上げる。

コロッケのテクアレンジ

時間がない日に頼りになる
ラクちん時短おかず

まんまるコロッケ

材料（2〜3人分）

じゃがいも
…3個（約450g）
いんげん…10本
ロースハム…2枚
ソーセージ（太めのもの）
…2本
ナチュラルチーズ…50g
A
マヨネーズ…大さじ2
塩…小さじ1／2
こしょう…少々
B
卵…小1個
薄力粉…大さじ4
片栗粉…小さじ1
塩…少々
水…大さじ1〜2
パン粉…適量
揚げ油…適量
〈ソース〉
トマト…小1個
ケチャップ…大さじ2

作り方

1 じゃがいもは基本のコロッケ同様に皮付きのまま半分に切ってふんわりとラップをし、電子レンジで9分加熱する。
2 いんげんは固めにゆでて、ハムとともに細かく刻む。ソーセージとチーズはそれぞれ6個分になるように切る。
3 じゃがいもは粗熱が取れたら皮をむいてボウルに入れてつぶし、ハム、いんげん、Aを加えて混ぜ、12等分する。6個ずつ、それぞれソーセージとチーズを包み、まんまるに成形する。
4 Bをバットに入れて混ぜ、基本のコロッケと同様にB、パン粉の順につけて、中温（170℃）に熱した揚げ油できつね色になるまで揚げる。トマトは細かく刻んでケチャップと混ぜて添える。

コロッケアレンジ

トマトソースでさっぱりと
子どもが好きな具材を入れても◎

コロッケグラタン

材料（4人分）

基本のコロッケ…3個
トマト水煮缶
（カットタイプ）…1缶
A
オリーブオイル
…小さじ2
塩…小さじ1／3
粗挽き黒こしょう、
にんにく（すりおろし）
…各少々
玉ねぎ…1／2個
ピーマン…2個
ピザ用チーズ…60g

作り方

1 大きめの耐熱ボウルにトマト缶を入れてラップをし、電子レンジで8分加熱する。Aを加えて混ぜる。
2 玉ねぎは薄切りにし、ピーマンは縦半分に切ってから細切りにする。
3 耐熱皿に1のソースの半量を入れ、玉ねぎ、ピーマン、コロッケをのせる。残りのソースもかけ、チーズをのせる。オーブントースターか200℃に熱したオーブンで、チーズが溶けるまで7〜8分焼く。

おすすめ 副菜 主菜と合わせて40分で完成!

カレースープ

子どもが大好きなカレー味で
たくさん野菜を食べてもらう作戦

材料(4人分)

にんじん…1／2本
アスパラガス…4本
玉ねぎ…1／3個
A
　薄力粉…大さじ2
　カレー粉…小さじ1
　チキンコンソメ（顆粒）…小さじ1
　塩…小さじ1／2
牛乳…300ml
サラダ油…大さじ1
塩、こしょう…各少々
レモン汁…小さじ1／2～1

作り方

1 にんじんは小さめの乱切りにする。アスパラガスは根元の固い皮をピーラーでむき、3cmの長さに切る。玉ねぎはみじん切りにする。
2 鍋にサラダ油を中火で熱し、玉ねぎとにんじんを炒める。艶やかになったら、混ぜ合わせたAを振って混ぜる。湯400mlを少しずつ混ぜながら注ぎ、煮立ったら蓋をして7分煮る。アスパラガスを加え再沸騰したら、2分煮て牛乳を加える。温まったら味を見て塩、こしょうで味をととのえ、仕上げにレモン汁を加える。

トマトのサラダ

甘みたっぷり&手づかみで
食べられるミディトマトがおすすめ

材料(4人分)

ミディトマト…3～4個
玉ねぎ…1／5～1／4個
ゆで卵…2個
パセリ(みじん切り)…大さじ1
A
　塩…小さじ1／2
　オリーブオイル…大さじ2

作り方

1 トマトは底を薄く切り落として安定をよくしてから、横に半分に切る。玉ねぎはみじん切りにしてざるに入れ、流水の下でもみながらすすいで水けを絞る。ゆで卵は黄身と白身に分け、白身は刻む。
2 皿にトマトを盛って、玉ねぎと卵の白身を上にのせ、黄身を手でくずしながら均等にのせる。A、パセリも均等にかける。

コロッケアレンジ

くずすことでより味が染み込みます
揚げたてとはまた違うおいしさ

くずしコロッケサンド

材料(2個分)

バターロール…2個
基本のコロッケ…2個
A
　中濃ソース…大さじ1
　粗挽きマスタード…少々
※小さい子どもが食べる場合はマスタードを除く。
ゆで卵…1個
レタス…適量
マヨネーズ…大さじ1～1と1／2
塩、こしょう…各少々
パセリ…適宜

作り方

1 オーブントースターの天板にオーブンペーパーをしき、コロッケをのせて3～4分温める。ボウルにコロッケを入れてAをかけ、くずしながらからめる。
2 ゆで卵はつぶしてマヨネーズと混ぜる。塩、こしょうで味をととのえる。
3 バターロールに切り込みを入れて、1、2とレタスをはさみ、好みでパセリをのせる。

Column

エダモン
おすすめ

あると頼りになる調理道具

「料理なんてしたくない」そんな気分のときも、
使い勝手のいい道具があればちょっとは気がラクになるかも!?
エダモン愛用の道具を紹介します。

菜箸

「この菜箸がなくなったら料理の仕事やめる」と思ってるくらい長年愛用中。菜箸は手の延長なので、なるべくいいものを。盛り付けもきれいに決まるよ。

●調理箸／うつわ花田

ゴムべら

耐熱性のゴムべらを持っていると、ソースなど混ぜる作業が必要な料理を作るときに便利。鍋を傷つけずに調理ができるよ。小回りのきく小さめのものが◎

フッ素加工フライパン

フライパンは厚手で深みのあるものを。炒め物はもちろん、煮物や揚げ物も全部これひとつでOK。テフロン加工されているものならお手入れもラク。

●フライパン（26cm）／Castey

厚手の鍋

そのまま食卓に出せる鍋があると、洗い物が減って、ママもハッピー。厚手の鍋は蒸気を逃がさないので、煮込み料理がよりおいしく仕上がるよ。

●ピコ・ココット（オーバル）／ツヴィリングJ.A.ヘンケルスジャパン（ストウブ）

スタッキングできるバット

切った野菜の一時置き場にしたり、揚げ物の衣を溶いたり。段取りよく料理したい人には必須アイテム。スタッキングできるものなら収納にも便利。

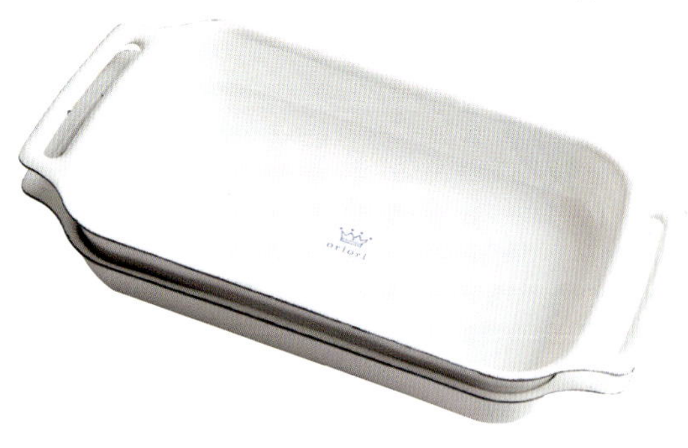

小さめの泡立て器

あると意外と便利なのが泡立て器。ドレッシングやホワイトソースづくりに活用してみて。小さなボウルでも混ぜられるように、小ぶりなものがおすすめ。

PART 2

忙しいときに頼りになる
簡単デイリーおかず

毎日のごはんづくりは、そりゃあ大変!
買ってきたお惣菜だって外食だって、もちろんいいんだよ。
でも、パッとできる簡単おかずを覚えておくと、
やっぱり経済的だし、やっぱりおいしい!

recipe 04

ごはんとの相性抜群
豚の照り焼き

いいことづくしの豚肉
野菜をはさんで栄養満点

照り焼きと言ったら鶏の照り焼きが定番だけど、今回は少し変化球の「豚の照り焼き」。

なんで豚かって？　豚の薄切り肉は鶏肉よりずっと火の通りが早いので、味が染みないとか生焼けだとかの失敗がない！　それに、薄切り肉の間に玉ねぎをはさめば、ボリュームアップできて、野菜も食べてもらえる。おまけに冷めても固くなりにくいので、お弁当のおかずにも◎、といいことづくし。玉ねぎのかわりに、スライサーで薄切りにした長いもをはさんでもおいしいよ。

でもね、なんと言ってもおすすめは、この照りっとした甘辛しょうゆ味のタレ。アレンジ自由自在だし、ごはんのおかずに最強だよ。

このタレを使ったアレンジ料理も紹介するから、作ってみてね。

時短　お弁当

ごはんとの相性抜群 豚の照り焼き

20分

材料（2～3人分）

豚肩ロース薄切り肉…250g
玉ねぎ…1／2個
片栗粉…適量
A
- きび砂糖…小さじ2
- しょうゆ、
- 酒、
- みりん…各大さじ2

レタス…3～4枚
サラダ油…大さじ1と1／2
マヨネーズ…適宜

1 玉ねぎを肉で包む

玉ねぎは薄切りにする。片栗粉適量（分量外）をまぶしたまな板に豚肉を広げて手前に玉ねぎをひとつまみのせ、半分に折りたたんで形をととのえる。

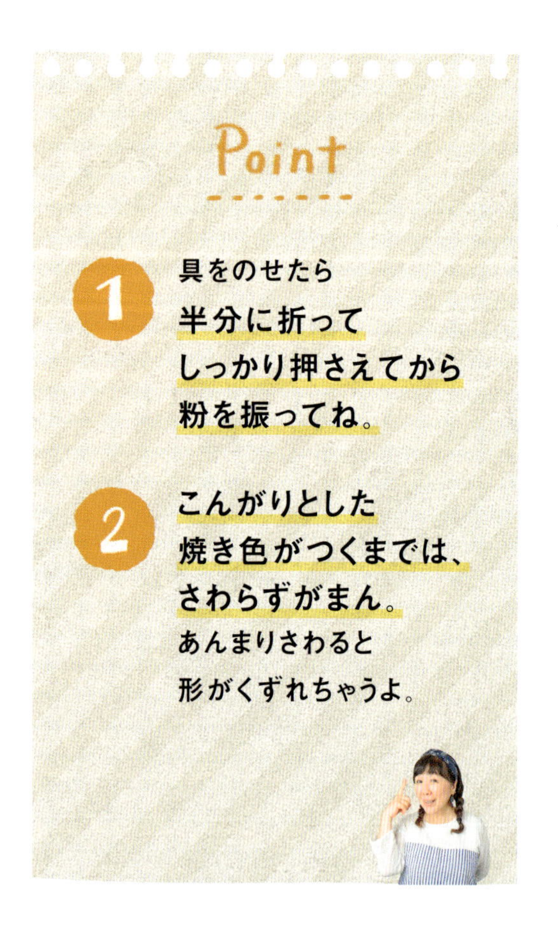

Point
1
具をのせたら
半分に折って
しっかり押さえてから
粉を振ってね。
2
こんがりとした
焼き色がつくまでは、
さわらずがまん。
あんまりさわると
形がくずれちゃうよ。

2 片栗粉をまぶす

1をまな板に置いて茶こしなどで片栗粉をふるいながらまぶす。

3 焼く

フライパンにサラダ油を熱し、2を並べ入れて、片面を強めの中火で約2分焼く。フチが白っぽくなりおいしそうな焼き色がついたら裏返す。裏面も同様にこんがりした焼き色をつける。

4 調味料を加える

3にAの調味料を順に加える。

5 仕上げる

じゅわじゅわと煮立たせて肉にからめる。おいしそうな照りがついたら、火を止める。皿に食べやすい大きさにちぎったレタスを盛り、好みでマヨネーズを絞って、豚肉を盛りつける。

タレアレンジ

甘じょっぱいタレが
ごはんに染み込んで後をひく味に

肉巻きおむすび

材料（6個分）

温かいごはん
…茶碗2杯分（350～400ｇ）
牛もも薄切り肉…6枚（250～300ｇ）
白いりごま…大さじ2
A
きび砂糖…小さじ2
しょうゆ、酒、みりん…各大さじ2
サラダ油…小さじ2
紅しょうが…適宜

作り方

1 ごはんに白いりごまを混ぜて6等分にし、俵形に握る。
2 まな板の上に肉を広げて手前に1をのせ、包むようにして巻く。同様に6個作る。
3 フライパンにサラダ油を中火で熱し、2を肉の巻き終わりを下にして並べ入れる。そのまま動かさずに約2分焼いて焼き色がついたら、転がして全体に焼き色をつける。
4 全体が色づいて焼き固まったら、混ぜ合わせたAを入れてじゅわじゅわと煮立てながら全体にからめる。半分に切って皿に盛り、白いりごま適量（分量外）を振り、好みで紅しょうがを添える。

タレアレンジ

リボン状にした大根は
短時間で味が染み込む

大根のすき焼き

材料（2～3人分）

牛こま切れ肉…250g
大根…1／4本
万能ねぎ…2本
A
きび砂糖…小さじ2
しょうゆ、酒、みりん…各大さじ2と1／2
だしまたは水…100㎖
温泉卵…3個
サラダ油…適量

作り方

1 大根は皮をむき、ピーラーでリボン状にする。万能ねぎは小口切りにする。
2 フライパンにサラダ油を熱し、肉を広げながら入れて焼きつける。フチの色が変わり出して、赤身の色が少し残るくらいになったら、混ぜ合わせたAを入れて肉にからめる。
3 2にだしを加え、大根を肉の下に入れて全体が色づくまで煮る。皿に盛り、温泉卵をのせて万能ねぎを振る。

おすすめ
副菜 主菜と合わせて 25分 で完成!

ポテトサラダ
水分を飛ばして
時間がたってもおいしい味に

材料(2〜3人分)

じゃがいも…3個
A
- 酢、オリーブオイル …各小さじ2
- 砂糖…小さじ1
- 塩…小さじ1/3

きゅうり…1本
にんじん…1/3本
玉ねぎ…1/4個
塩…少々
酢…大さじ1
マヨネーズ …大さじ3〜4

作り方

1 じゃがいもは皮をむいて一口大に切る。鍋にじゃがいも、かぶるくらいの水を入れてやわらかくなるまで約10分ゆでる。湯が残っていれば捨てて、火にかけながら水分を飛ばし、ボウルに移す。Aを加えてつぶしながら混ぜる。
2 きゅうりは厚さ2㎜の小口切りにし、塩を振って混ぜておく。にんじんは厚さ2㎜の輪切り、またはいちょう切りにする。小鍋ににんじん、ひたひたの水を入れて、強火でやわらかくなるまで約5分ゆでる。玉ねぎは薄切りにして、酢を加えた水600㎖に2〜3分放して水けを切る。
3 1の粗熱が取れたら、2、マヨネーズを加えて混ぜる。

豆腐とわかめの味噌汁
簡単だしで作れる!
ほっとする定番の味

材料(2〜3人分)

豆腐…1/3丁(100〜130g)
わかめ(塩蔵)…30g
味噌…大さじ2と1/2
かつお節…ひとつかみ

作り方

1 豆腐は1㎝角に切り、わかめは流水で塩を落とし、水に1〜2分つけてから食べやすい大きさに切る。
2 鍋に湯500㎖を沸かして手付きざるなどにかつお節を入れ、菜箸でかき混ぜる。約5分煮出してだしを取り、引き上げる。
3 2に豆腐、わかめを入れてさっと煮る。味噌を溶き入れて沸騰寸前で火を止める。

タレアレンジ

調味料に漬ける必要なし
忙しくてもすぐに作れます

たらの照り焼き

材料(2〜3人分)

たらの切り身…3切れ
しょうが…1片分
A
- きび砂糖…小さじ2
- しょうゆ、酒、みりん…各大さじ2
- 水…50㎖

もやし…1袋
B
- ごま油…小さじ1
- 塩…小さじ1/4

サラダ油…小さじ2

作り方

1 たらは水けをペーパータオルで押さえる。しょうがは千切りにする。
2 フライパンにサラダ油としょうがを入れて中火でしっかり熱し、たらを入れて1分半ずつ両面を焼く。混ぜ合わせたAを加えて照りが出るまで軽く煮つめる。
3 耐熱ボウルにもやしを入れてラップをし、レンジで3分半〜4分加熱し、Bを加えて混ぜ、2に添える。

recipe 05

ツルツルそうめん&アレンジめんつゆ

食欲がない日も食べられる作り置きおかずを添えて

子どもたちってめんが大好き。「チュルチュルだよー」って、なんだか魔法の言葉みたいじゃない?

風邪っぽいときのうどんも、するするっと食べるそうめんも、「のどごしがいい」のがおいしい理由のひとつ。おまけにそうめんはささっとできるしね。

でもね、そのおかげでそうめんは、栄養バランスの偏りがちなメニューなの。肉や野菜を添えてね。

今回は作り置きができて子どもウケもいい、そうめんに合うおかずとめんつゆのアレンジを組み合わせたよ。牛肉のマリネでパワーをつけて、レンジで簡単に作る蒸しなすには、とうもろこしや枝豆を組み合わせて食べやすく。かしこくしっかり食べて、元気に過ごそう!

時短　ランチにも

ツルツルそうめん（アレンジめんつゆ2種）

15分

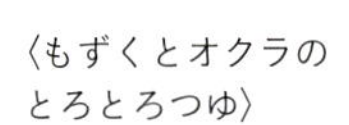

材料（たっぷり4人分）

そうめん…6束

〈めんつゆ〉

かつお節…20g

A
- しょうゆ、みりん…各大さじ4
- 塩…小さじ1／3

〈豆乳ごまつゆ〉

B
- 豆乳…200㎖
- 白練りごま…大さじ2
- 昆布茶…小さじ1／2～1

〈もずくとオクラのとろとろつゆ〉

C
- 味付けもずく…100g
- オクラ…10本

〈薬味〉

万能ねぎ…4本

青じそ…5枚

刻み白ごま…大さじ1

わさび…適量

トマト…適宜

貝われ大根…適宜

豆乳ごまつゆは、めんつゆ200㎖にBの材料を混ぜ合わせる。もずくとオクラのとろとろつゆは、めんつゆ200㎖に3のオクラを入れて混ぜ、味付けもずくを汁ごと加えて混ぜる。

1 めんつゆを作る

鍋に湯600㎖を沸かし、A、かつお節の半量を入れる。再沸騰したら弱火にして2分煮出す。残りのかつお節を加えて火を止めて1～2分置く。

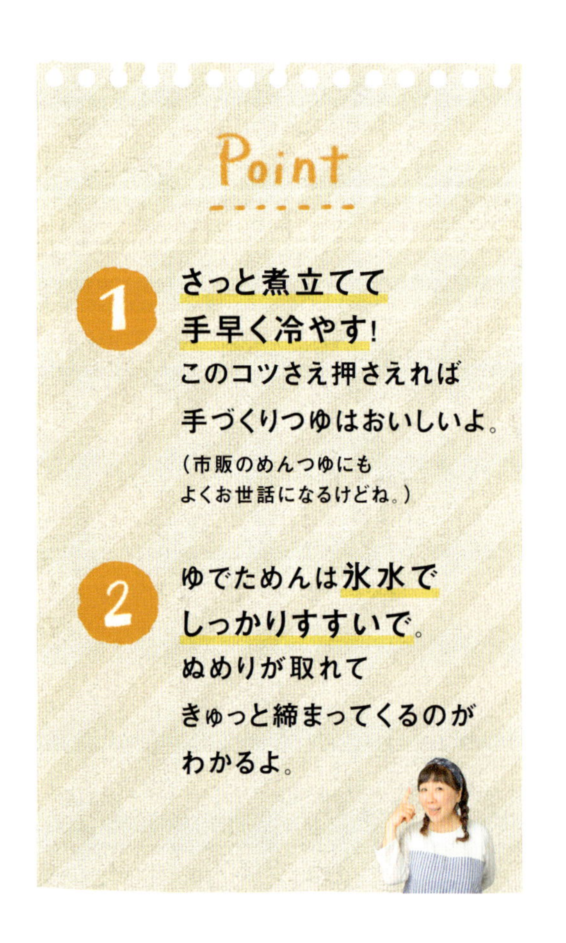

Point
1 さっと煮立てて手早く冷やす！
このコツさえ押さえれば
手づくりつゆはおいしいよ。
（市販のめんつゆにもよくお世話になるけどね。）
2 ゆでためんは氷水でしっかりすすいで。
ぬめりが取れてきゅっと締まってくるのがわかるよ。

2 つゆをこす

ボウルにざるを重ねてその上にキッチンペーパーをしき、1をこす。キッチンペーパーごと絞るようにする。つゆの入ったボウルより一回り大きなボウルに氷水を入れて、つゆのボウルの底を冷やしながら冷ます。

※つゆは、冷蔵で約10日間保存可能。

3 薬味を用意する

ねぎは刻み、青じそは縦半分に切ってから細切りにし、水に放す。刻みごま、わさびはともに、それぞれ器に用意する。Cのオクラは湯を沸かし、約50秒ゆでてから冷水に取って一気に冷ます。水けを切って小口切りにする。

※副菜の野菜も一緒に切っておくとラク。

4 そうめんをゆでる

大きめの鍋に湯を沸かし、ボウルに氷水を用意しておく。この時点で、つゆ、薬味、おかずなどを盛りつけておき、そうめんがゆであがったらすぐに食べられるように準備しておく。湯が沸いたら、そうめんを入れてくっつかないように混ぜ、袋の表示を参考に、好みの固さになるまでゆでてざるに取る。

5 めんを締める

めんは流水ですすいで粗熱を取り、氷水の入ったボウルに移してもむようにしてしっかり冷やし、めんを締める。よく水けを切って皿に盛りつける。好みでくし形切りにしたトマトや貝われ大根を添える。

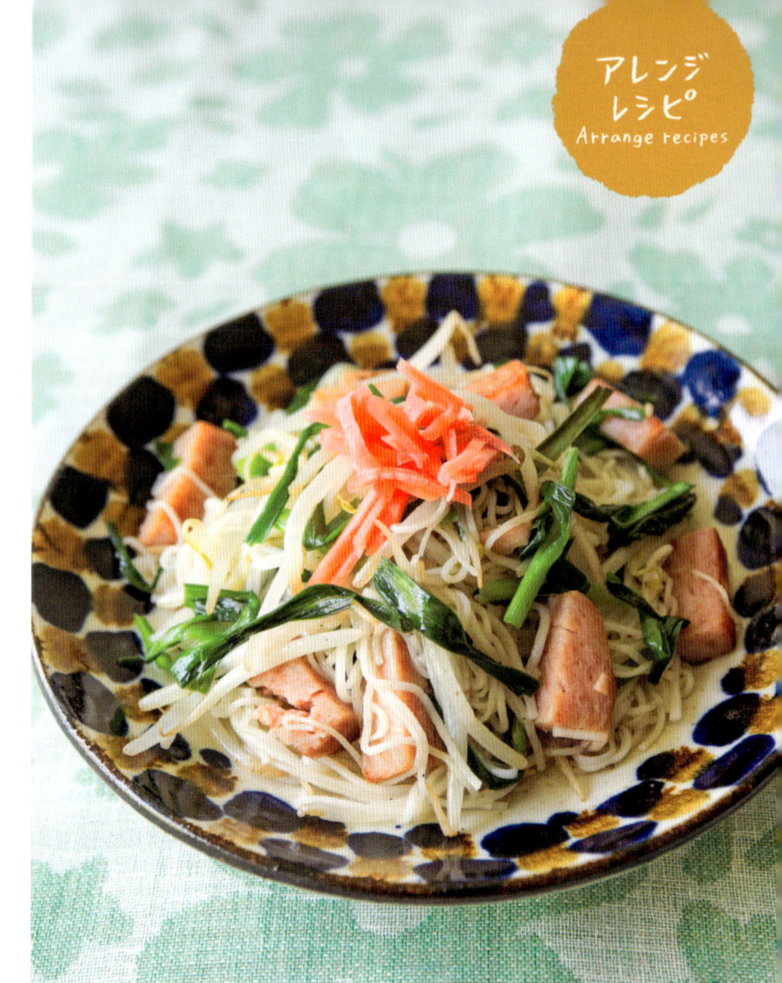

そうめんのテクアレンジ

ごま油の香りで食欲アップ
スパムの塩けがアクセント

そうめんチャンプルー

材料（2〜3人分）

そうめん…4束
スパム缶…小1／2缶（100g）
にら…1／2束
もやし…1／2袋
にんにく（みじん切り）…1／2片分
酒…大さじ2
鶏ガラスープの素（顆粒）…小さじ1／2
塩…小さじ1／4〜1／3
サラダ油、ごま油…各大さじ1
紅しょうが…適宜

作り方

1. スパムは長さ3cmの1cm角の棒状に切る。にらはざく切り、もやしはすすいで水けを切っておく。
2. 湯を沸かしてそうめんを半分の長さに折って入れ、1分ゆでてざるにあげる。さっとすすいでぬめりを落とし、水けを切ってごま油をまぶす。
3. フライパンにサラダ油を中火で熱し、スパムを入れて焼く。にんにく、もやしを入れて強火にして炒め合わせる。にら、そうめん、酒の順に加えて、鶏ガラスープの素と塩を振って混ぜる。好みで紅しょうがを添える。

そうめんアレンジ

おせんべいみたいにパリッと焼きあげて

焼きそうめんのトマトあんかけ

材料（2〜3人分）

ゆでて残ったそうめん…1と1／2束分
トマト…2個
ツナ缶…小1缶
にんにく（すりおろし）…小さじ1／3
ごま油…大さじ2
しょうゆ…大さじ1／2
万能ねぎ（小口切り）…少々

作り方

1. そうめんをひとつかみずつ6等分に分けておく。トマトは1〜2cm角に刻んでおく。
2. フライパンにごま油を中火で熱し、そうめんを円形に成形して並べ入れる。強めの中火で片面を2〜3分焼く。固まってパリッとし、おいしそうな焼き色がついたら裏返す。裏面も同様に焼いて取り出し、皿に盛りつける。※残ったそうめんを使わずに乾めんをゆでてから作る場合は、半分に折って固めにゆで、水にさらさず焼く。
3. フライパンにトマトを入れて強火で炒め、トマトがくずれてきたらツナ缶（汁ごと）、しょうゆ、にんにくを入れて混ぜて温める。2にかけて万能ねぎを散らす。

おすすめ **副菜** 主菜と合わせて **20分** で完成!

牛たたきのマリネ

自家製めんつゆがあれば
ほうっておくだけで味が決まる

材料(4人分)

牛赤身ステーキ肉
…2枚(約300g)
かぼちゃ…1/4個
いんげん…80g
A
基本のめんつゆ
…1と1/4カップ
砂糖、しょうゆ…各大さじ1
米酢…大さじ1～2
揚げ油…適量

作り方

1 牛肉は室温にもどす。かぼちゃは厚さ1.5cmに切ってから長さを半分に切る。いんげんは3～4等分の長さに切る。
2 フライパンに揚げ油を170℃に熱し、いんげんを入れて色が鮮やかになるまで約3分中火で揚げ焼きして取り出す。次にかぼちゃを入れて片面2～3分ずつ、竹串がすっと通るまで揚げ焼きして、最後に火を強めてカラッとさせて引き上げる。
3 牛肉の表面をペーパータオルで押さえて水けを取る。フライパンの油を拭いて中火で熱し、フライパンに肉を並べ入れて片面1分半～2分ずつを目安に両面を焼く。2と一緒に混ぜ合わせたAに漬ける。冷めるまで置いてから、牛肉を食べやすい大きさに切って皿に盛り合わせる。

レンジ蒸しなすのサラダ仕立て

調理は電子レンジにおまかせ
キンキンに冷やしても美味

材料(4人分)

なす…4本
とうもろこし…1本
枝豆
(ゆでてサヤから出したもの)
…1/4カップ
A
オリーブオイル…大さじ2
酢、水…各大さじ1
塩、昆布茶…各小さじ1/3
はちみつ…小さじ1

作り方

1 なすはピーラーで皮をむき、塩水(水850mℓに塩大さじ1を加えたもの)に入れ、浮き上がらないように上に皿などをのせて3分置く。なすをきゅっと握るようにして軽く水けを絞り、耐熱のポリ袋に入れる。袋の口を下に折り込んで電子レンジで4分加熱する。熱いので気をつけて取り出し、口をしばって袋ごと冷水に入れて冷ます。1cmの厚さに切る。
2 とうもろこしは実を削ぎ落として耐熱ボウルに入れてラップをし、電子レンジで2分半加熱する。
3 大きめのボウルにAを入れて混ぜる。なす、とうもろこし、枝豆を加えて和える。

そうめんアレンジ

そうめんとマヨネーズは相性抜群
野菜不足の救世主!

そうめんサラダ

材料(3人分)

ゆでて残ったそうめん…1と1/2束分
きゅうり…1本
レタス…2枚
かに風味かまぼこ…4本
A
基本のめんつゆ…大さじ2～3
サラダ油、酢…各小さじ1
マヨネーズ…大さじ3
レタス…適量
ミニトマト…適宜

作り方

1 そうめんは半分の長さになるように切る。きゅうりは4等分の長さに切ってから細切りにし、レタスは4cmの長さの1cm幅に切る。かに風味かまぼこは半分に切って粗くほぐす。
2 ボウルにそうめんとAを入れて混ぜる。きゅうり、レタス、かに風味かまぼこ、マヨネーズを加えて和える。皿にレタスをしき、盛りつける。好みでミニトマトを添える。

recipe 06

パラッと軽やか
鮭とレタスのチャーハン

コツさえつかめば パラパラチャーハンも簡単

買い置きの定番食材・鮭と、冷蔵庫にありがちな使いかけのレタス、いつもある卵、冷凍ごはんを組み合わせた、何もないときに役立ちそうなチャーハン。買いものが面倒な日にも活躍しそうだね。

あるとき、子どもたちの合宿の賄い(まかない)で残りごはんを使いたくて、アンケートを取ったの。「チャーハンとオムライス、どっちがいい？」と聞いた途端に、男子が一斉に手を挙げたのがチャーハンでした。みんな好きなんだよね、チャーハン。でもそのチャーハン、ついべちゃっとしちゃったり、焦げついちゃったりと、意外に難しいかも？　この機会においしく作るいくつかのポイントを押さえて、復習してみよう。きっと得意料理になるよ！

時短　ランチにも

パラッと軽やか
鮭とレタスのチャーハン

15分

材料（2〜3人分）

ごはん※…茶碗３杯分
甘塩鮭
　…小２切れ（約150g）
A
　酒…小さじ1
　こしょう…少々
レタス…３〜４枚
長ねぎ…10㎝
卵…２個
サラダ油、ごま油
　…各大さじ１
鶏ガラスープの素（顆粒）
　…小さじ1／２〜１
塩…小さじ1／２
酒…大さじ２
しょうゆ
（あれば薄口しょうゆ）
　…大さじ１

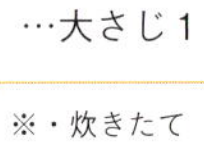

※・炊きたて
・レンジで温めたごはん
・冷凍したごはんを冷蔵庫に移して
ぽろぽろにほぐしたごはん
どれでもおいしく作れるよ！

1 鮭をほぐす

耐熱皿に鮭を入れてAを振って軽くもみ、ラップをする。電子レンジで3分加熱し、そのまま少し置いて粗熱を取る。皮と骨を取り除き、粗くほぐす。レタスは2〜3㎝角にざく切りにしてごま油小さじ1〜2（分量外）をまぶす。長ねぎは粗みじん切りにする。

Point

1 あつあつのごはんか、解凍してぽろぽろにほぐしたごはんを使えば、自然と憧れのパラパラ食感に。

2 フライパンに多めの油をよく熱して、卵を一気に入れたらさっと混ぜて！ 油を吸った卵がごはんと合わさり、パラパラに！

2 卵を炒める

ボウルに卵を割り入れてほぐす。フライパンにサラダ油とごま油を入れて中火でしっかり熱する。フライパンを傾けて菜箸の先を入れるとしゅわしゅわと気泡が出てくるくらい、または卵液を少量垂らしてすぐにしゅわっとふくらんでくるくらいになったら、卵液を一気に入れて、木べらなどで大きくかき混ぜる。

3 ごはんを加える

卵が半熟のうちに、ごはんを加えて卵とからめるようにほぐしながら炒め合わせる。

4 鮭を加えて酒を振る

1の鮭を加えて混ぜる。鶏ガラスープの素と塩を加えて混ぜる（ごはんを鍋肌に押しつけてから切るようにほぐすと、べちゃっとしにくい）。酒を振る。全体が温まり、パラッとするまで炒めたら、1のレタス、長ねぎを加えて混ぜる。

5 仕上げる

フライパンの中央を空け、しょうゆを入れてじゅわじゅわと煮立っていい香りがしたら全体を混ぜる。塩、こしょう各適量（分量外）で味をととのえる。

チャーハンのテクアレンジ

ダブルソースで香ばしさアップ
めんは細かく刻むと味のなじみ◎

そばめし

材料(2～3人分)

温かいごはん
…茶碗2杯分
中華蒸しめん
(焼きそば用)…1玉
キャベツ…3枚
にんじん…3cm
豚バラ薄切り肉
…100g
にんにく(みじん切り)
…小1片分

A
カレー粉…小さじ1／2
ウスターソース、
中濃ソース
…各大さじ2
こしょう…少々

サラダ油
…大さじ1と1／2
塩、こしょう…各少々
紅しょうが…適宜

作り方

1. キャベツは1cm幅×5cmの長さに、にんじんは5mm角の棒状に切る。豚肉は1cm幅に切る。めんは細かく刻む。
2. フライパンにサラダ油とにんにくを入れて中火で熱し、香りが立ったら豚肉を入れてほぐしながら炒める。肉の色が変わり始めたら、塩、こしょうを振る。にんじんを加えて艶やかになったら、キャベツを加えて混ぜる。
3. ごはんとめんを加えてほぐしながら炒め合わせる。全体が温まってなじんだら、Aを加えて全体を混ぜ、いい香りがしてきたら火を止める。好みで紅しょうがを添える。

チャーハンのテクアレンジ

インドネシア風チャーハン
なすに油を吸わせるのがコツ

ナシゴレン

材料(2～3人分)

温かいごはん
…茶碗3杯分
ソーセージ…3本
玉ねぎ…1／3個
なす…2本
ピーマン…1個
トマト…1個
きゅうり…1本
にんにく(みじん切り)
…小1片分
卵…2～3個

A
ケチャップ…大さじ3
酒…大さじ2

ナンプラー
またはしょうゆ
…大さじ1／2
塩、こしょう…各少々
サラダ油…大さじ2

作り方

1. ソーセージは1cm幅に切る。玉ねぎはみじん切りに、なす、ピーマンは約1cm角に切る。トマトはくし形切りにし、きゅうりは斜め薄切りにする。
2. フライパンにサラダ油とにんにくを入れて中火で熱し、玉ねぎとなすを炒める。なすが軽くしんなりしてきたらソーセージ、ピーマンを加えて火を強めて炒め合わせ、さらにごはんを加えてほぐしながら炒める。
3. 全体がなじんだらAを加え、鍋肌に押しつけるようにして、水けを飛ばしながら炒める。ナンプラーと塩、こしょうを振って仕上げる。
4. 別のフライパンにサラダ油小さじ1～2(分量外)を熱し、卵を割り入れて弱めの中火で白身が白く固まり、黄身が半熟になるまで焼いて目玉焼きを作る。塩、こしょう各少々(ともに分量外)を振る。
5. 皿に3を盛り、4の目玉焼き、1のトマトときゅうりを添える。

おすすめ 副菜 主菜と合わせて 25分 で完成!

厚揚げとちくわの煮物

火が通りやすい食材を使って
煮込み時間を短縮

材料(2～3人分)

厚揚げ…1枚
ちくわ…3本
アスパラガス…2本
A
だし…300mℓ
きび砂糖…小さじ2
酒、みりん、しょうゆ
…各大さじ1と1／2

作り方

1 厚揚げは食べやすい大きさにちぎる。ちくわは1.5～2㎝幅に切る。アスパラガスは根元の固い皮をむき、長さ3㎝の斜め切りにする。
2 鍋にAを入れて煮立て、厚揚げとちくわを入れる。クッキングペーパーなどで落とし蓋をして、中火で15分煮たら、アスパラガスを加えさらに5～10分煮る。

ザーサイスープ

ごま油がふわっと香る
しみじみおいしいスープ

材料(2～3人分)

味付きザーサイ…25g
しいたけ…3枚
長ねぎ…5㎝
片栗粉…大さじ1
鶏ガラスープの素(顆粒)
…小さじ1
ごま油…小さじ1
塩、しょうゆ、こしょう…各少々

作り方

1 ザーサイは細切りにする。しいたけは軸を切り落として3㎜幅の細切りにし、長ねぎは小口切りにする。長ねぎに片栗粉をまぶす。
2 鍋に湯500mℓを沸かし、ザーサイ、しいたけ、鶏ガラスープの素を入れて6～7分煮る。長ねぎとごま油を入れ、塩、しょうゆ、こしょうで味をととのえる。

チャーハンのテクアレンジ

とろ～り卵白あんかけでお店みたいな味に

あんかけチャーハン

材料(3人分)

温かいごはん
…茶碗3杯分
かに風味かまぼこ
…5本
アスパラガス…4本
しいたけ…2枚
卵…2個
酒…大さじ2
塩…小さじ1／2
しょうゆ(あれば
薄口しょうゆ)…大さじ1
こしょう…少々
ごま油…大さじ2
A
鶏ガラスープの素(顆粒)
…小さじ1
塩…小さじ1／3
しょうゆ、ごま油
…各小さじ1／2
片栗粉…大さじ1と1／2

作り方

1 かに風味かまぼこは1.5㎝の長さに切る。アスパラガスは根元の固い皮をむき、かに風味かまぼこと同じ長さに切る。しいたけは軸を切り落として半分に切り、5㎜幅に切る。
2 卵は1個分の卵白を取り分けておき、残りを溶きほぐす。フライパンにごま油を熱し、卵を入れて大きく混ぜ、いったん取り出す。
3 フライパンにアスパラガスとしいたけを入れて艶やかになるまで炒め、ごはんを加え2の卵をもどし入れて、炒める。全体がなじんだら、かに風味かまぼこを加えて混ぜ、酒と塩を加えて炒め合わせる。全体がなじんだら、フライパンの中央を空けてしょうゆを加え混ぜ、こしょうを振って味をととのえる。
4 あんを作る。小鍋に湯200mℓを沸かし、Aを加えて煮立てる。片栗粉を水大さじ3で溶き、鍋に加えてとろみをつける。残りの卵白を混ぜて細く流し入れ、白く浮き上がってきたら、器に盛った3にかける。

Column

エダモンが

信頼している調味料

毎日必ず使う調味料を少しだけいいものにすると、
驚くほど料理がおいしくなります。料理が苦手な人こそ、
おいしい調味料を使ってみてね。

しょうゆ

20年以上ずっとこのしょうゆを愛用。薄すぎず、濃すぎず、さっぱりとした旨味がお気に入り。古くからの製法を守り、原料はすべて国産なので安心。

●古式じょうゆ／井上醤油店

塩

塩はおいしさの基本。なるべく精製されていない「ちゃんとしたもの」を選んで。おいしい塩があれば、誰でも料理上手に！

●伊達の旨塩（400g）／山田油業

ごま油

うちではサラダ油のかわりにこのごま油を使ってます。香りが控えめなので、サラダのドレッシングにも使えるよ。から揚げやコロッケもこれで揚げると胸ヤケ知らず。

●太白胡麻油（450g）／竹本油脂

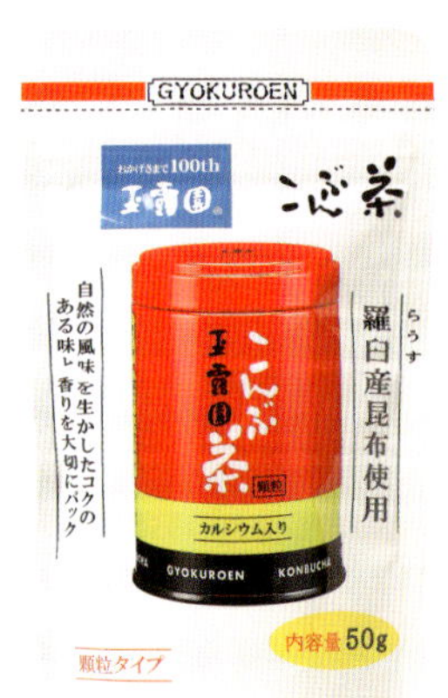

こんぶ茶

隠し味によく活用する昆布茶。和え物に、炊き込みごはんに、オムレツに。ひとさじ加えるだけで旨味がアップ！　特に、野菜がおいしくなるので使ってみて。

●こんぶ茶（50g）／玉露園

酢

「おいしい酢がある」と地元の人が教えてくれた、香川の米酢。酸味控えめでまろやかな味わいは、子どもの料理にも相性バッチリ。

●特吟 仁尾酢（900mℓ）／中橋造酢

オリーブオイル

オリーブオイルの値段はピンキリ。いろんな種類が並んでいて迷っちゃうけど、できればエキストラバージンオリーブオイルを選んで。これは値段も手頃で◎

●オーガニックエクストラバージンオリーブオイル（500mℓ）／VILLA BLANCA

みりん

化学調味料や食品添加物不使用の上品な甘みとコクが特徴の本みりん。これを使えばきれいでおいしそうな照りが出るよ。

●伝統製法熟成本みりん（500mℓ）／白扇酒造

PART 3

少し多めに作ってラクしよう

作り置きおかず

「あっ!　冷凍庫にはあれがある」
「冷蔵庫にはこれが残ってた!」って思うと、
ごはんづくりの味方を見つけたような気持ちになるよ。
作り置きおかずって、忙しママの相棒だよね。

recipe 07

コクたっぷりのミートソーススパゲティ

使い勝手抜群のミートソースクラブへようこそ

ミートソースがあればなんとかなる、そう思っていた時期がずいぶん長くありました。大好きなんだ、ミートソースのスパゲティ。懐かしいような、なんだかほっとするような食べもの。子どもたちにもそんな気持ちがつながっていくといいなあ。

どうせ作るならたっぷり作り置きしてと、冷凍庫に常備するうちに、「あれ、ごはんにかけてもおいしいなあ」とか、「なすのグラタンに使うとおいしい！」とか「ラザニアもいいね！」とどんどんメニューも増えていくよ。

使えるんですよ、本当に。ミートソースクラブへようこそ！ってそんな気分。

このレシピはデミグラスソース缶を使っているのでじっくり煮込まなくてもコクが出て、味が決まりやすいのが魅力。ぜひみんなのお家の定番メニューにしてね！

作り置き

コクたっぷりのミートソーススパゲティ

35分

材料（たっぷり4人分）

スパゲティ…250 ～ 300g

※今回はリングイーネを使用。

合びき肉…400g

A

- 玉ねぎ…1／2個（約150g）
- にんじん…1／2本
- しめじ…1／2パック

にんにく（みじん切り）…1片分

赤唐辛子…1本

オリーブオイル…大さじ2

B

- トマトの水煮缶（ホールタイプ）…1缶（400g）
- デミグラスソース缶…1／2缶（250g）
- ケチャップ…大さじ2
- コンソメスープの素（固形）…1個

塩…小さじ1

こしょう、ドライオレガノ（あれば）…各適量

バター…10g

粉チーズ、パセリ（みじん切り）…各適宜

1 野菜をみじん切りにして炒める

しめじは石突きを切り落とす。Aの野菜はすべてみじん切りにする。深さのある大きめのフライパンか鍋にオリーブオイルとにんにくを入れて中火で熱し、香りが立ったら赤唐辛子を入れる。みじん切りにした野菜を加えて軽くしんなりするまで炒める。

※写真のようにフードプロセッサーを使ってもOK。

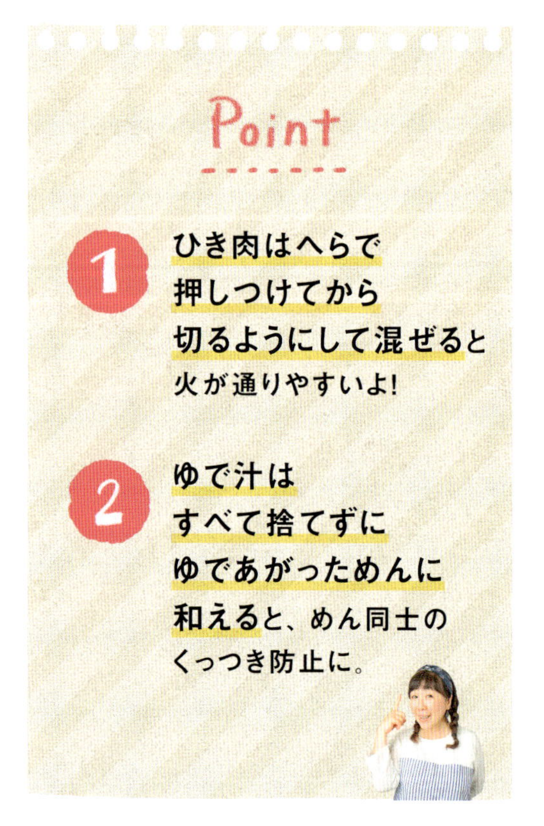

Point

1 ひき肉はへらで押しつけてから切るようにして混ぜると火が通りやすいよ!

2 ゆで汁はすべて捨てずにゆであがっためんに和えると、めん同士のくっつき防止に。

2 ひき肉を加える

1にひき肉を加える。最初はあまりほぐさず、肉の両面を木べらで押しつけるようにして焼きつける。鍋肌の肉の色が変わったら炒める。

3 煮る

肉がほぐれたら、塩、こしょう、オレガノを振り、B、水200mℓを加える。トマトをつぶしながら混ぜ、沸騰したら火を弱めの中火にし、約20分煮つめる。塩、こしょう各適量（分量外）で味をととのえる。

4 ソースを煮ている間にスパゲティをゆでる

鍋に約2ℓの湯を沸かし、塩大さじ1と1／2（分量外）とスパゲティを入れて袋の表示時間通りにゆでる。ゆであがったらボウルに入れ、バター、オリーブオイル大さじ1と1／2（分量外）、ゆで汁適量を混ぜ合わせる。

5 仕上げる

3のミートソースが写真のように仕上がったらスパゲティを皿に盛り、ミートソース適量をかける。好みで粉チーズ、パセリを振る。

デミグラスソースアレンジ

あまったデミグラスソースを
肉のソースに活用

ハワイアンポークソテー

材料(2人分)

豚ロース厚切り肉…2枚

A
- 塩…小さじ1／2
- 粗挽き黒こしょう…少々
- ワイン(白または赤)または酒…大さじ1
- オリーブオイル…小さじ1

デミグラスソース缶(市販)…1／2缶(250g)
パイナップル(缶詰)…2枚

B
- ケチャップ…大さじ1／2
- しょうゆ…小さじ1

薄力粉…大さじ2
サラダ油…小さじ2
バター…10g
パセリ、タイム(またはローズマリー)…各適宜
イタリアンパセリ、ミニトマト…各適宜

作り方

1 豚肉は筋切りをして、Aを振って軽くもみ込む。あればパセリやタイム、ローズマリーなどのハーブを肉の上下に置いて20分以上置き、下味をつける。
※前の晩から漬けてもOK。
2 豚肉の汁けをペーパータオルで軽く押さえ、薄力粉をまぶす。
3 フライパンにサラダ油を強めの中火で熱し、豚肉を焼く。両面においしそうな焼き色がついたら火を弱め、さらに2～3分焼いて火を通し、取り出す。
4 3のフライパンにバターを加えてパイナップルの両面を焼いて温め、取り出す。
5 4のフライパンにデミグラスソース、B、水大さじ3を入れて混ぜ、温まったら肉をもどし入れてからめる。皿に盛り、4のパイナップルをのせる。好みでイタリアンパセリと薄切りしたミニトマトを添える。

ミートソースアレンジ

アボカドとコクたっぷりの
ソースがベストマッチ

ミートソースの
アボカドカップグラタン

材料(6個分)

基本のミートソース…大さじ3
アボカド…3個
ソーセージ…3本
ピザ用チーズ…40g

作り方

1 アボカドは真ん中でくるりと切り込みを入れて縦半分に割り、種を取る。フチを約1cm残してスプーンで中身をくり抜く。ソーセージは縦半分に切り、さらに斜めに切る。
2 ボウルにくり抜いたアボカドを入れて軽くつぶし、ミートソース、チーズの半量を混ぜる。
3 アボカドに2を半量ずつつめる。それぞれの上に、残りのチーズをのせてソーセージを差す。オーブントースターでチーズが溶けておいしそうな焼き色がつくまで、約6分焼く。

おすすめ **副菜** 主菜と合わせて40分で完成!

スナップエンドウと新じゃがのサラダ

水分が多くてみずみずしい、新じゃがのやさしい甘みが主役

材料(2〜3人分)

新じゃがいも…200g
スナップエンドウ…100g
A
塩…小さじ1／3
昆布茶…小さじ1／2
オリーブオイル…大さじ1と1／2
酢…小さじ2

作り方

1 スナップエンドウは筋を取り、塩ひとつまみ（分量外）を入れた湯で約2分ゆでる。冷水に取って一気に冷まし、水けを切る。半分に切って開く。
2 じゃがいもは皮付きのまま耐熱ボウルに入れてラップをし、電子レンジで4～4分半を目安に、竹串がすっと通るまで加熱する。粗熱が取れたら皮をむき、1cmの厚さに切る。
3 ボウルにAを入れて混ぜて1、2を順に加えて和える。
※スナップエンドウは、酢で色が変わるので、なるべく食べる直前に和える。

キャベツと卵のスープ

チーズのコクがアクセント さっとできる手軽さがうれしい

材料(2〜3人分)

キャベツ…2～3枚（約150g）
卵…1個
粉チーズ…大さじ1
玉ねぎ…1／4個
チキンコンソメ（顆粒）…小さじ2
塩…小さじ1／2
こしょう…少々

作り方

1 キャベツはざく切りにする。卵は溶きほぐして、粉チーズを混ぜる。玉ねぎは薄切りにする。
2 湯500mlを沸かし、チキンコンソメと塩、キャベツ、玉ねぎを入れて約3分煮る。1の卵液を細く流し入れ、ふわっと浮き上がってきたらこしょうを振って火を止める。

ミートソースアレンジ

朝ごはんにおすすめのクイックレシピ

キャベツごはんのミートソースがけ

材料(2～3人分)

基本のミートソース…1／3～半量
温かいごはん…茶碗3杯分
キャベツ…2～3枚（約150g）
昆布茶…小さじ1／2
バター…10g
カッテージチーズ…適宜

作り方

1 キャベツをざく切りにして耐熱ボウルに入れ、ラップをして電子レンジで3分加熱する。別のボウルにごはん、昆布茶、バターを入れて混ぜ、人数分に盛り分ける。その上にキャベツをのせる。
2 ミートソースを電子レンジまたはフライパンで温めて、1にかける。好みでカッテージチーズをのせる。

recipe 08

自家製ホワイトソースで作る エビマカロニグラタン

試行錯誤して行き着いた とっておきのホワイトソース

　家にまだオーブンがなかった子どもの頃、母は小さなオーブントースターで弟と私のグラタンを順番にひとつずつ焼いてくれたなぁ。先に食べるか後に食べるか、いつも迷ってた。早く食べたいけれど、先に食べ終わっちゃうのは悔しい、って葛藤してたの。だから高校生になって時々自分で料理をするようになった頃に、一番に挑戦したのはホワイトソース。
　でも本の通りに作っても、いつも失敗してダマダマになって、牛乳を足したり粉を増やしたりしているうちに、ノリみたいなブルンブルンのかたまりができあがったことも。
　ずいぶん年月が過ぎて、試行錯誤の末、最終的に行き着いたのがこのレシピ。粉を牛乳で溶いてから煮ると、失敗しないんです。なんだ、簡単なことだった！　高校生の私に教えてあげたいな。誰でも、絶対においしくできるよ。グラタンだけでなくシチューにも大活躍してくれるしね！

作り置き

自家製ホワイトソースで作る エビマカロニグラタン

材料（4人分）
むきエビ…180g
マカロニ…200g
玉ねぎ…1／2個
マッシュルーム
…1パック（7～8個）
塩、こしょう…各少々
オリーブオイル…小さじ2
ピザ用チーズ…80g
バター…約15g
〈ホワイトソース〉
できあがり量（400g）
A
薄力粉…大さじ2と1／2
チキンコンソメ（顆粒）
…小さじ1
塩…小さじ1／2
牛乳…400mℓ
バター…20g
クリームチーズ…30g

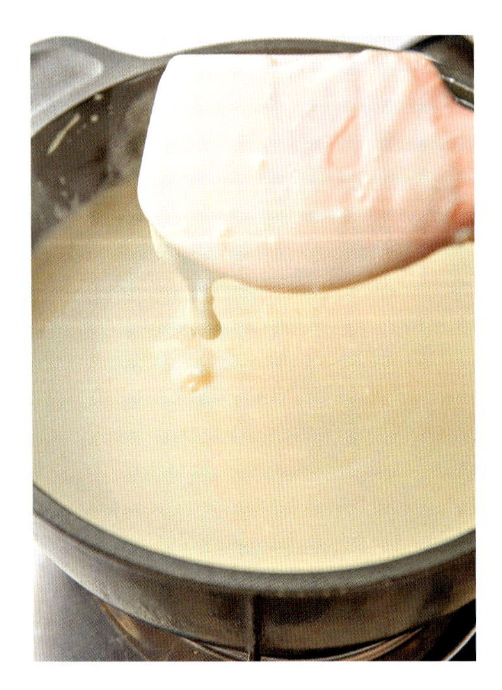

1 ホワイトソースを作る
鍋にAを入れて泡立て器で混ぜる。牛乳を少しずつ注いで溶きのばし、強めの中火にかける。泡立て器で混ぜながら煮て、バター、クリームチーズを加える。全体が温まったら、ゴムべらに持ち替えて鍋底に8の字を描くように混ぜながら約5分煮る。火を止めて蓋をする。

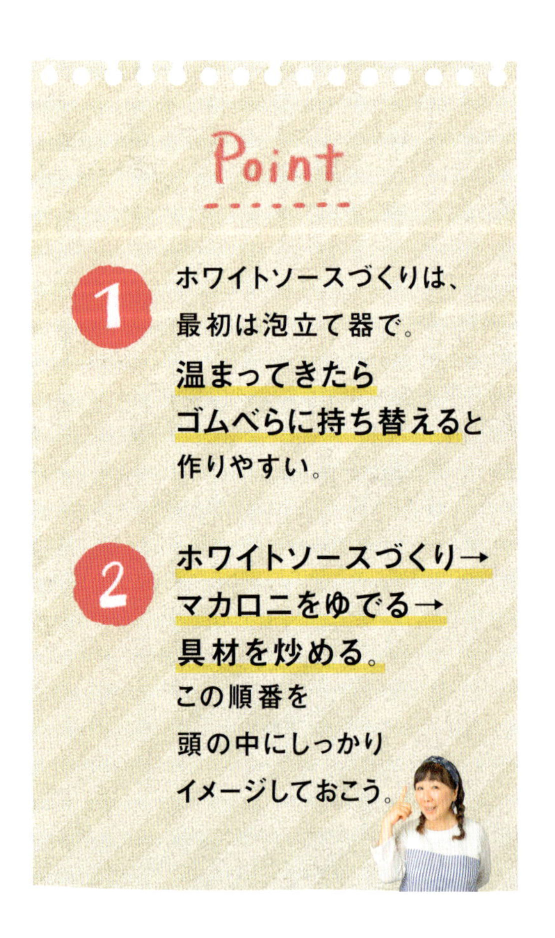

Point
1 ホワイトソースづくりは、最初は泡立て器で。温まってきたらゴムべらに持ち替えると作りやすい。
2 ホワイトソースづくり→マカロニをゆでる→具材を炒める。この順番を頭の中にしっかりイメージしておこう。

2 マカロニをゆでる

湯約1ℓを沸かして塩小さじ2（分量外）を入れ、マカロニを袋の表示の時間より30秒～1分長めにゆでてざるにあげる。

※やわらかめにゆでるとソースがよくからむ。

3 具材を用意する

むきエビはあれば背わたを取って塩水の中ですすぎ、水けを切る。塩、こしょうを振る。玉ねぎは薄切りに、マッシュルームはあれば石突きを切り落とし、3～4等分の薄切りにする。

4 具を炒める

フライパンにオリーブオイルを中火で熱し、玉ねぎ、マッシュルームを炒める。玉ねぎが色づいてしんなりとしたらエビを加える。

5 ホワイトソースとマカロニを加える

エビの色が変わったら、1のソースと2のマカロニを加えて混ぜ合わせる。ピザ用チーズの半量弱を入れて混ぜ、薄くオリーブオイル（分量外）を塗った耐熱皿に移す。

6 仕上げる

上にピザ用チーズの残りを振り、バターを小さくちぎりながら散らす。200℃に熱したオーブンまたはオーブントースターで、チーズが溶けておいしそうな焼き色がつくまで約10分焼く。

ホワイトソースアレンジ

一皿で栄養満点メニュー
次の日の朝ごはんにも

サーモン クリームシチュー

材料(2〜3人分)

基本のホワイトソース…全量
甘塩鮭…2切れ
A
白ワインまたは酒…小さじ2
こしょう…少々
玉ねぎ…小1個
じゃがいも…大2個
ほうれん草…1束
コーン(缶詰)…大さじ3
チキンコンソメ(顆粒)…小さじ1
サラダ油…大さじ2
塩、こしょう…各適量

作り方

1 甘塩鮭は皮と骨を除きながら一口大にそぎ切りにし、Aを振ってもみ込む。玉ねぎとじゃがいもは皮をむいて一口大に切る。ほうれん草はざく切りにして耐熱ポリ袋に入れ、電子レンジで2分加熱して水に取り、冷めたら水けを絞る。
2 鍋にサラダ油を熱し、玉ねぎとじゃがいもを炒める。艶やかになったら、湯500mℓとチキンコンソメを入れ、じゃがいもがやわらかくなるまで煮る。
3 ホワイトソースとほうれん草をほぐしながら加えて混ぜ、鮭とコーンを上にのせ、蓋をする。さらに3〜4分、鮭の色が変わるまで煮る。塩、こしょうで味をととのえる。

エビマカロニグラタンアレンジ

サクサク衣の中からとろ〜りグラタンソースをかけずに食べてみて

グラタンコロッケ

材料(2〜3人分)

基本のエビマカロニグラタン(冷めたもの)…1/3〜1/2量
小麦粉(あれば強力粉)…大さじ4〜5
溶き卵…1個分
パン粉…適量
サラダ油…適量
揚げ油…適量

作り方

1 グラタンは冷えている状態で6〜8等分し、サラダ油を塗った手のひらで、ギュッと握ってまとめる。小麦粉、溶き卵、パン粉の順に衣をまぶしつける。
2 鍋に揚げ油を入れて170℃に熱し、1を2〜3個ずつ入れて表面がこんがりときつね色になるまで揚げる。

おすすめ **副菜** 主菜と合わせて 30分 で完成!

子どものサングリア&大人の白サングリア

爽やかな飲み心地!
家族みんなで乾杯しよう

材料(作りやすい分量)

りんご…1個
オレンジ…1個
キウイ…2～3個
グレープジュース…900mℓ～1ℓ
白ワイン…1本(720mℓ)
A
はちみつ…大さじ3～4
シナモンスティック…2本
ソーダ水…適宜

作り方

1 りんご、オレンジはよく洗って、皮付きのまま約1cmの厚さの輪切りに、キウイは皮をむき、同じく輪切りにする。※保存する容器の大きさによっては半月切りにする。
2 グレープジュースと白ワインそれぞれに1の果物とAを半量ずつ入れて冷蔵庫で一晩置く。好みでソーダ水で割ってもおいしい。※ジュースが子ども用、ワインが大人用。

モロッカン・ガーリックトースト&温野菜

ほんのり赤く染まったバゲットは
おもてなし料理に最適

材料(4人分)

バゲット…約10cm
A
にんにく(すりおろし)…小さじ1/3
塩…小さじ1/4
オリーブオイル…大さじ2
トマト…1/2個
ブロッコリー…1房
パプリカ…1/2個
塩…少々

作り方

1 バゲットは長さ4～5等分に切る。
2 Aを混ぜ合わせてバゲットの片面に塗り、オーブントースターで3～4分表面がこんがりするまで焼く。熱いうちにトマトの断面をすりつける。
3 ブロッコリーは小房に分け、軸は皮を厚くむいて食べやすい大きさに切る。パプリカは好みで抜き型で抜くか、一口大に切る。沸騰した湯にブロッコリーを入れて、塩少々を振る。蓋をして2～3分蒸しゆでにする。2と一緒に皿に盛りつける。

ホワイトソースアレンジ

ジューシーな鶏肉とトマトの酸味が◎
グラタンは具材を変えて楽しもう

チキンとトマトのグラタン

材料(3人分)

基本のホワイトソース…全量
ペンネ(または好みのショートパスタ)…200g
鶏もも肉…1枚(約250g)
トマト…2個
玉ねぎ…1/2個
エリンギ…1パック(約100g)
オリーブオイル…大さじ1と1/2
塩、こしょう…各適量
ピザ用チーズ…80～100g
粉チーズ…大さじ2

作り方

1 ペンネを袋の表示より30秒～1分長めにゆでておく。
2 鶏肉は一口大に切り、塩、こしょうを振る。玉ねぎは薄切りにし、エリンギは3等分の長さに切ってから縦に薄切り、トマトは1cm角に切る。
3 フライパンにオリーブオイルを熱し、鶏肉を入れて焼く。肉の色が変わり始めたら玉ねぎとエリンギを加えて、玉ねぎがしんなりするまで炒め合わせる。トマトを加えてさらに炒める。
4 ペンネとホワイトソースを加えて混ぜ、塩、こしょう適量(分量外)で味をととのえる。ピザ用チーズの半量を混ぜる。
耐熱皿に移し、残りのピザ用チーズ、粉チーズを順に振って200℃に熱したオーブンまたはオーブントースターで、チーズが溶けておいしそうな焼き色がつくまで約10分焼く。

recipe 09

フライパンで手軽に！ほくほく肉じゃが

お肉は蒸気でゆっくり火を通せばふっくら

私にとっての、「肉じゃが決定打」がこのレシピです。お肉を先に炒めてからじゃがいもを入れるとか、汁の中にすべて入れて煮るとか、いろいろ試したけどこれが一番！

まず、お肉は焼かずに（鍋にくっつくからね）、じゃがいもを先に油がなじむまで炒めてから1種類ずつ調味料を入れて味をつけて。そうすると味がよく染みるし、ただ煮るよりも煮くずれしにくいの。お肉はそのあと上にのせて、蒸気で火を通してから煮汁に混ぜます。

この作り方にはフライパンがぴったり。炒めるのがラクなのと、水分が飛びやすいので少ない調味料でも作れるよ。何度も試しているうちに自分の好みの味つけやコツがつかめてくるはず。

自分の「おいしい」を発見してみて。

作り置き

フライパンで手軽に！ほくほく肉じゃが

材料（4〜6人分）

牛こま切れ肉…250ｇ
じゃがいも…６個（約900g）
玉ねぎ…小１個
にんじん…小1本
いんげん…5〜6本
A
- 砂糖…大さじ１
- 酒、みりん、しょうゆ…各大さじ３〜４

だし…200㎖
サラダ油…大さじ２
バター…15ｇ

1 野菜を切る

玉ねぎ、にんじんは一口大に、いんげんは4等分の長さに切る。じゃがいもは皮をむき、大きめの一口大に切る。

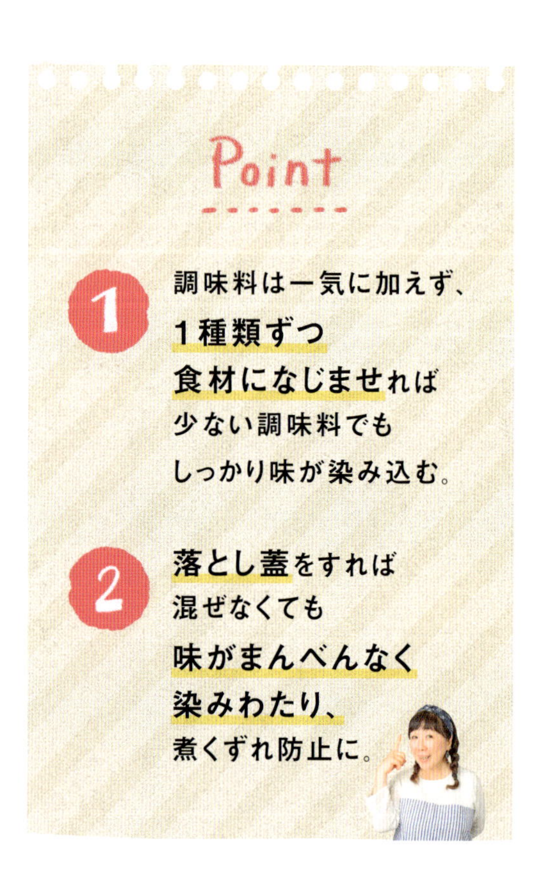

Point
1
調味料は一気に加えず、
1種類ずつ
食材になじませれば
少ない調味料でも
しっかり味が染み込む。
2
落とし蓋をすれば
混ぜなくても
味がまんべんなく
染みわたり、
煮くずれ防止に。

2 炒める

フライパンにサラダ油を熱し、じゃがいもを先に加えて強めの中火で艶やかになるまで約2分炒め、玉ねぎ、にんじんを加えて炒め合わせる。全体が温まったらAを砂糖から順に1種類ずつ加えて混ぜる。

3 肉をのせる

Aの調味料がなじんだらだしを加える。再沸騰したら、牛肉を広げながら上にのせていく。肉の色が変わったら全体を混ぜる。

4 落とし蓋をする

全体を混ぜたら、フライパンの大きさに合わせて円形に切ったクッキングペーパーを落とし蓋としてのせ、約10分煮る。

5 仕上げる

約10分たったらいんげんを加えて混ぜ、再度落とし蓋をしてじゃがいもがやわらかくなるまでさらに約10分煮る。バターを加えてじゃがいもをくずさないように混ぜて器に盛る。

肉じゃがアレンジ

じっくりと卵に火を通せば
肉じゃががスペイン風おかずに

肉じゃが入り 田舎風オムレツ

材料(2人分)

基本の肉じゃが…1／3量
卵…3個
アボカド…1／2個
A
- みりん…大さじ1
- 昆布茶…小さじ1／3
- 塩…小さじ1／4
- 水…大さじ1

サラダ油…大さじ1
クレソン、みつ葉…各適宜

作り方

1. ボウルに卵を割り入れ、Aを加えて混ぜる。肉じゃがは電子レンジで2分加熱して温めておく。アボカドは一口大に切る。
2. フライパンにサラダ油を熱して、1の卵液を入れる。菜箸でざっと混ぜてフチが少し固まり出したら、肉じゃがとアボカドをのせる。蓋をして弱火で約2分、表面の卵が固まるまで焼き、底面にフライ返しを差し入れて、滑らせるように皿に盛る。仕上げに好みでクレソン、みつ葉などを散らす。

肉じゃがアレンジ

子どもが喜ぶケチャップ×カレー
スナック感覚でつまみたい！

ちょっと和風サモサ

材料(2～3人分)

基本の肉じゃが…1／4量
ケチャップ…小さじ2
カレー粉…小さじ1
餃子の皮…6枚
揚げ油…適量
ケチャップ…適宜

作り方

1. 肉じゃがの具を約1cm角に刻み、ボウルに入れる。
2. ケチャップとカレー粉を混ぜて、1と和える。
3. 餃子の皮の中央に2のタネを約大さじ1のせ、フチに水をつけて円周の3点をつまみ、三角形のピラミッド形に包む。
4. 小鍋に揚げ油を約170℃に熱してきつね色になるまで揚げる。好みでケチャップをつけていただく。

おすすめ **副菜** 主菜と合わせて40分で完成!

レタスと青菜の味噌和えサラダ

野菜に少し火を通すと
味がなじんでたくさん食べられる

材料(4人分)

レタス…3枚
小松菜…1束
A
味噌、しょうゆ
…各小さじ2
砂糖(あればきび砂糖)
…小さじ1
ごま油、酢(あれば米酢)
…各小さじ1
にんにく(すりおろし)
…少々
白すりごま…大さじ1

作り方

1 レタスは大きめにちぎる。小松菜はざく切りにする。
2 鍋に湯を沸かして、小松菜を約1分半ゆでる。レタスを加えてさっと混ぜてすぐにざるにあげる。水けを切ってバットなどに広げ、冷ます。
3 ボウルにAをすべて入れて混ぜ、2を加えて和える。

いろいろきのこの炊き込みごはん

きのこの旨味を活かした
だしいらずのお手軽ごはん

材料(4人分)

米…2合
しめじ、しいたけなど好みのきのこ…合わせて200g
しょうゆ、酒…各大さじ2
A
昆布茶…小さじ1
塩…小さじ1/3

作り方

1 しめじは石突きを切り落としてほぐす。しいたけは軸を切り、7〜8㎜幅に切る。切った軸は石突きを取り除き、細く割く。
2 耐熱ボウルに1、しょうゆ、酒を入れてラップをし、電子レンジで3分加熱する。
3 米は研いで水けを切ってから炊飯器に入れる。2の汁を先に加えて2合の目盛りまで水を足し、上にきのこをのせて炊飯する。炊きあがったら、Aを加えて混ぜる。

肉じゃがアレンジ

肉の旨味を感じるやさしい味
水けを絞るのがおいしさの秘訣

肉じゃがポテトサラダ

材料(3人分)

基本の肉じゃが…1/4〜1/3量
きゅうり…1本
キャベツ…2枚
マヨネーズ…大さじ3
白すりごま…大さじ2
塩…適量

作り方

1 きゅうりは小口切りにし、キャベツは長さ約5㎝の細切りにして塩を混ぜて3分置く。手のひらできゅきゅっともみ込んでから水けを絞る。
2 ボウルに肉じゃがを入れてじゃがいもを軽くつぶし、マヨネーズと白すりごま、1を混ぜる。仕上げに塩適量(分量外)で味をととのえる。

Column

料理が

ぐんとラクになるアイディア

料理づくりのやる気がむくむくわいてきそうな調理アイディアを集めました!
知っておくと家族にも自慢できちゃうかも!?

BBQソースは家にある調味料で手軽にできる

ケチャップに、使いかけのドレッシングやソース、にんにく、しょうが、玉ねぎのすりおろしを加えるだけで特製BBQソースが作れるんです。ケチャップの酸味と甘みが他の調味料をまとめてくれて絶品に。

加熱も沸騰もいらない即席だしはママの味方

材料表に「だし」とあると、なんだか面倒に感じてしまうママには、熱湯にひとつまみのかつお節を入れてしばらく置いておくだけで作れる即席だしがおすすめ。和食を作るハードルが低くなるはず!

キッチンペーパーをしいて翌日までサクサクをキープ

コロッケが残ってしまったときは、キッチンペーパーをしいた保存容器に入れて冷蔵庫へ。サクサクの衣をキープできるよ。食パンにはさんで朝ごはんにしたり、お弁当に詰めたり活用して。ラップで包むとしんなりしてしまうので気をつけて。

そうめんこそ段取りが命

お手軽料理の代表・そうめんは、いつだってママの味方。めんをゆでたら、すぐに氷水で締めるとコシが出てよりおいしくなるよ。簡単な料理こそ、段取りよく! このひと手間でそうめんがごちそうに変身。

副菜の野菜はめんと一緒にゆでて時短

ソースを煮込んでいる間にめんをゆでてと、意外にバタバタするパスタづくり。そのうえもう一品なんて……と悩むママにおすすめなのが、めんと一緒に野菜をゆでる方法。これだけで立派な副菜が完成。

ホワイトソースは一度にたくさん作るべし!

作るのにほんの少し手間がかかるホワイトソースや、ミートソースは、多めに作って冷凍保存するのが正解。保存袋に入れて一回分の量に菜箸で印をしてから冷凍すると使いたい分だけ解凍できて便利。

時間がない日はくるっと巻いて棒餃子に

餃子を包むのが面倒なときは、皮の手前にタネをのせて、くるくるっと巻くだけでOKな棒餃子がおすすめ。小さな子どもも一緒に作れるくらい簡単! 焼き方は基本の餃子と同じでOK。

今日はちょっと特別

イベントおかず

料理に参加すると、本当にみんなよく食べてくれる。
一緒に手を動かして餃子を包んだり、
コトコト煮える鍋や、ジューシーに焼ける肉を待っていたりすると、
食卓にわくわくがあふれるみたい。
そうだ、次のお休みはサンドイッチを作ってピクニックに行こう。

recipe 10

ボリューム満点
中華風の鶏団子鍋

鶏団子は子どもと一緒に！最後までおいしい鍋

いろんな具を入れてボリュームたっぷりのちゃんこ風のお鍋。子どもの頃は、あっさり味の鍋でどうやってごはんを食べたらいいんだろう、って思っていました。鍋はごはんのおかずとしてはどうもなあ、って。そこで今回の鍋には、小さな工夫を入れました。

子どもたちも好きな鶏団子はひき肉と調味料をポリ袋に入れて混ぜ、そのまま絞り出して作ることにしました。袋の上からもんで混ぜる、絞り出すなどの作業は、子どもたちにもお手伝いしてもらうと楽しい！　スルーされがちな白菜は、細く切って食べてもらいやすいように、そしてとろけやすいお餅は、食べやすく切ってからごま油でカリッと焼いて、風味をつけておこう。

仕上げにはバターを加えてコクを出し、〆はめんを加えてラーメン風に。最後までおいしく食べてもらいたいな。

ボリューム満点 中華風の鶏団子鍋

材料（作りやすい分量）

鶏ひき肉…400g

A

- 卵白…1個分
- 片栗粉…大さじ1
- しょうゆ…小さじ2
- 酒…小さじ1
- 塩…小さじ1／3
- 砂糖…小さじ1／2
- こしょう…少々
- しょうが（みじん切り）…小さじ1

白菜…1／4個
しめじ…1パック
にんじん…小1本
切り餅…4枚
高菜漬けまたは味付きザーサイ（細切り）…大さじ3
かまぼこ…1／2本（約60g）
鶏ガラスープの素（顆粒）…小さじ2
塩…小さじ1／2
ごま油…大さじ1
しょうゆ…適量
バター…15g

1 肉に下味をつける

ポリ袋に鶏ひき肉を入れ、Aを加えて均一に混ざるまでもみ込む。

※鶏団子のタネは1／3量を残しておき、残りはアレンジレシピに使うのがおすすめ。

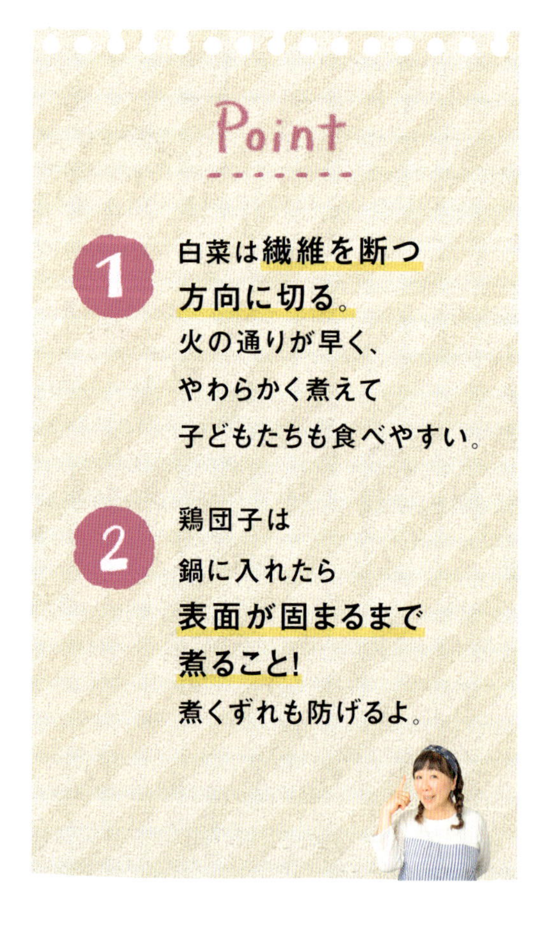

Point
1
白菜は繊維を断つ方向に切る。
火の通りが早く、やわらかく煮えて子どもたちも食べやすい。
2
鶏団子は鍋に入れたら表面が固まるまで煮ること!
煮くずれも防げるよ。

2 野菜を切る

白菜は芯を除いて、繊維を断つ方向で1㎝幅に切る。ポリ袋に入れて塩を振り、袋ごと振って約5分置く。軽く水けが出てきたら袋の上からもむ。しめじは石突きを切り落としてほぐし、にんじんは食べやすい大きさに切る。

3 餅を焼く

切り餅は横に3等分に切る。フライパンにごま油を熱して餅を並べ入れ、両面がこんがりするまで焼く。焼けたら一度取り出す。

4 野菜を煮る

鍋に水1ℓを入れ、鶏ガラスープの素を加えて沸騰させる。2の白菜を汁ごと加えてしめじと高菜漬けまたはザーサイ、にんじんを入れる。

5 鍋を仕上げる

再沸騰したら、1の袋の端を約1.5㎝の三角形になるように切る。一口大の鶏団子になるよう、袋を絞って、肉ダネを鍋に加える。そのまま混ぜずに5～8分煮る。鶏団子の表面が固まったら、スープの味を見てしょうゆで味をととのえ、薄切りにしたかまぼこと切り餅も加えて温まるまで煮る。最後にバターを加えて溶かしながら混ぜる。

鍋アレンジ

〆料理の新アイディア！
パリパリめんにあんかけをたっぷりと

皿うどん風
あんかけ焼きそば

材料(2人分)

揚げめん（細め）…2玉
基本の鍋…1／4～1／3量
長ねぎ…10cm
小松菜…1～2株
片栗粉…大さじ1と1／2
酢、練りからし…各適宜

作り方

1 長ねぎは小口切りにし、片栗粉をまぶす。小松菜は食べやすい長さに切る。
2 鍋の残りに小松菜を入れて温め、長ねぎを入れて混ぜながらとろみがつくまで煮る。
3 めんを軽くほぐして皿に盛り、2をかける。好みで酢や練りからしを添える。

鶏団子アレンジ

下味付きタネのおかげで調味料いらず
あまった白菜を有効活用

白菜シューマイ

材料(2～3人分)

基本の鶏団子のタネ…1／3量
白菜…大2枚
片栗粉…適量
コーン…適量

作り方

1 白菜はV字形に葉と軸の部分を切り分ける。軸は長さを3～4等分して縦に繊維に沿って細切りにする。葉の部分は耐熱皿にのせてラップをし、電子レンジで40～50秒、軽くしんなりするまで加熱する。
2 1の葉は約5cm角に切って内側を上にして並べ、軽く片栗粉を振る。葉の上に鶏団子のタネを絞り出し、葉でタネを包む。
3 フライパンに1の白菜の軸を広げ入れて湯200mℓを入れ、上に2を並べ入れる。コーンを散らし、蓋をして強火にかけ、7～8分蒸し煮にする。

おすすめ **副菜** 主菜と合わせて **25分** で完成！

〆のごま風味めん

豆乳と練りごまを加えて
手軽にスープの味をチェンジ

材料（4人分）

中華生めん…2玉
チンゲン菜…小2株
豆乳…300～400mℓ
白練りごま…大さじ3
ごま油…小さじ1
米酢…大さじ1
ラー油…適宜

作り方

1 めんは固めにゆでてざるにあげ、よくすすぐ。水けを切り、ごま油をまぶす。チンゲン菜は食べやすい長さに切る。
2 基本の鍋をほとんど食べ終わったスープに、チンゲン菜の軸を入れて艶やかになるまで温める。豆乳を加え、練りごまを溶く。めんとチンゲン菜の葉を入れて温め、米酢を加える。器に盛り、大人用には好みでラー油を垂らす。

おうち杏仁豆腐

ぷるるん食感がたまらない♥
中華の定番デザート

材料（4人分）

粉寒天…2.5g（または粉ゼラチン…3g）
グラニュー糖…大さじ2と1／2
牛乳…500mℓ
栗の甘露煮…3粒
バナナ…1本
栗の甘露煮の缶のシロップ…大さじ1

作り方

1 小さめの鍋に水100mℓを入れて粉寒天を加え、混ぜる。粉寒天が溶けたら中火にかける。ふつふつとしてきたら弱火にして混ぜながら1分煮る。グラニュー糖を加えて混ぜながらさらに1分煮る。グラニュー糖が溶けたら牛乳を加えて混ぜ、ふんわりと湯気が立つくらいまで温まったら火を止める。
2 グラスの内側を水で濡らし、6～7分目くらいまで1を静かに注ぎ入れる。粗熱が取れたら冷蔵庫に移して1～2時間以上置いて冷やし固める。
3 栗とバナナを7～8mm角に刻み、栗のシロップで和えて2にのせる。

鶏団子アレンジ

完食、間違いなし！
ごはんがすすむ甘じょっぱい味

お弁当鶏つくね

材料（3人分）

基本の鶏団子のタネ…1／3量
片栗粉…適量
A
　酒、みりん、しょうゆ、水…各大さじ1
　砂糖（あればきび砂糖）…小さじ1
サラダ油…小さじ2
白いりごま…適宜

作り方

1 鶏団子のタネを小判形にまとめて、片栗粉をまぶす。小さめのフライパンにサラダ油を中火で熱し、鶏団子を入れて片面を約2分ずつ、固まって軽く焼き色がつくまで焼く。※この状態で冷凍しておいてもOK。
2 弱火にしてAを入れてじゅわじゅわと煮立てながらからめる。仕上げに好みでごまを散らす。

recipe 11

香ばしさが自慢
定番焼き餃子

家族みんなで包んで
おいしい記憶を残そう

餃子ってごちそうだよね！　本場中国では水餃子が多いみたいだけど、うん、確かに水餃子もおいしいけれど、やっぱりどうも焼き餃子が好きだなぁ。パリッと焼けた皮をがぶっとかじると、じゅわっと熱い肉汁。中においしいものが包まれているなんてまるで小さなプレゼントみたい。それがずらっと並んでいるんだもの！　うれしくなっちゃう。

それにしょうゆと酢をつけるせいか、ごはんも進むんだよね。日曜日の午後なんかに、家族みんなで一緒に餃子を包んでみたらどうかしら。上手に包めなくても、おいしい記憶が心に残るのっていいよね。

フライパンで焼くときは、先にこんがりとした焼き色をつけてから、お湯を張って蓋をして弱火で約3分蒸し焼き。最後に蒸気を飛ばしてカリッと焼き上げれば、うまく仕上がるよ。

香ばしさが自慢
定番焼き餃子

30分

材料(20個分)

餃子の皮(市販のもの)…20枚
※大判タイプのものがおすすめ。

豚ひき肉…150g
キャベツ…200g(大きめの葉3枚程度)
長ねぎ…10cm

A
- にんにく(すりおろし)、しょうが(すりおろし)…各小さじ1/2
- しょうゆ、酒…各大さじ1
- ごま油…大さじ1/2
- 塩…小さじ1/3
- こしょう…少々

ごま油…大さじ2

B
- しょうゆ、酢…各適量
- ラー油…適宜

※小さい子どもが食べる場合はラー油をのぞく。

1 野菜を切る

キャベツは芯を除いてみじん切りにしておく。葉は縦に2〜3cm幅に切って重ね、横にして2〜3mm幅に切る。耐熱ボウルにキャベツを入れ、塩小さじ1/4(分量外)を振って混ぜる。ラップをして電子レンジで2分加熱し、バットに取り出して粗熱を取る。冷ましている間に、長ねぎを粗みじん切りにする。

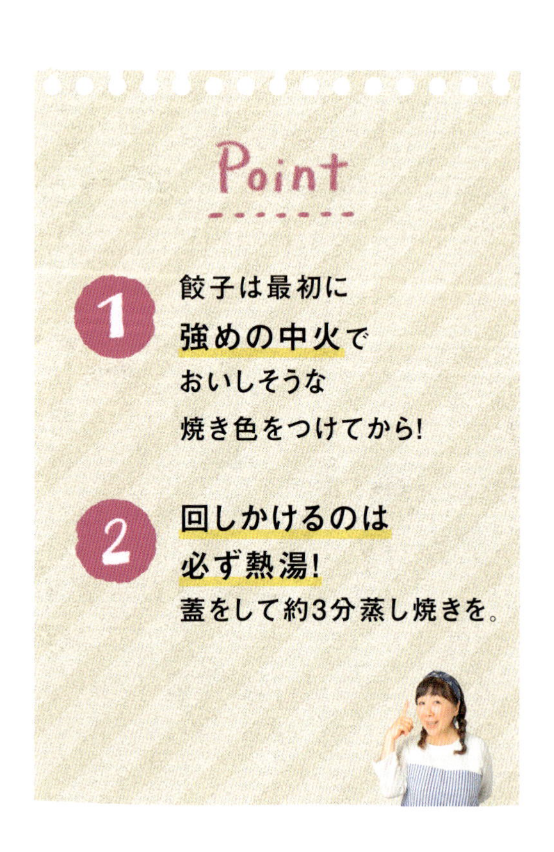

Point

1. 餃子は最初に**強めの中火**でおいしそうな焼き色をつけてから!
2. **回しかけるのは必ず熱湯!** 蓋をして約3分蒸し焼きを。

2 肉をよく混ぜる

ボウルにひき肉とAを入れてよく練り混ぜる。白っぽくなったら、1の野菜を入れてさらに混ぜる。ボウルにタネを押しつけてから、へらなどで４等分にざっと分ける。その１／４量をさらに５等分にして、餃子の皮１枚にのせる量の見当をつける。

※すぐ包まない場合はラップをして冷蔵庫へ。前日に仕込んでもOK。

3 タネを包む

餃子の皮の真ん中にタネをのせてフチに水をつけ、だいたい半分に折る。端を左の手で押さえてひだを右手で寄せながら包む。バットなどに片栗粉適量（分量外）を薄くしき、その上に並べる（並べる際に端を、少し内側に寄せると形がくずれにくい）。乾かないように、固く絞ったぬれ布巾をかぶせておく。

4 餃子を焼く

熱湯を約80mℓ用意しておく。フライパンにごま油を中火で熱し、餃子の底に油をつけるようにして全面に並べ、強めの中火にする。２分半〜３分を目安においしそうな焼き色がつくまで焼く。湯を回しかけ、蓋をして中火にする。３〜４分、水分がなくなるまで蒸し焼きにする。

5 仕上げる

蓋を取って、水分を完全に飛ばし、底をカリッと焼き上げる。フライパンごとゆすって、餃子全体が動くようになったらできあがりのサイン（餃子が動きにくければ、フライ返しを差し入れて様子を見る）。混ぜ合わせたBをつけていただく。

餃子アレンジ

固くなった餃子が
卵でふわふわに生まれ変わる

餃子入り中華風オムレツ

材料（2人分）

基本の餃子…4～6個
※残ったタネがあれば加えてもOK。
長ねぎ…10cm
卵…4個
A
- 鶏ガラスープの素（顆粒）…小さじ1／2
- 牛乳…大さじ2
- 塩…小さじ1／3
- ごま油…大さじ1～2

B
- オイスターソース…大さじ1
- しょうゆ、酢…各小さじ1

ごま油…大さじ1
豆板醤…適宜

作り方

1 長ねぎは粗みじん切りにする。ボウルに卵を割りほぐして、A、長ねぎを入れて混ぜる。
2 フライパンにごま油を熱し、餃子を並べ入れて温める（タネの残りがあればここで一緒に加えて焼く）。1の卵液を流し入れて、軽くなじませるように菜箸で卵を混ぜる。
3 卵が半熟程度に固まってきたら、皿に滑らせるようにして一度取り出す。皿ごと返すようにしてもどし入れ、裏面も焼く。木べらなどで押さえて、形をととのえる。
4 食べやすい大きさに切り、Bを混ぜ合わせたタレをかける。大人用には好みで豆板醤を添えてもおいしい。

餃子の皮アレンジ

皮があまったら子どもが喜ぶデザートに

アップルパイ風 デザート餃子

材料（10個分）

餃子の皮…20枚
りんご…大1個
レモン汁…小さじ1
砂糖（あればきび砂糖）…大さじ2
バター…20g
カッテージチーズ…大さじ4
シナモン…少々
揚げ油…適量

作り方

1 りんごは6等分のくし形切りにして芯を除き、半分は皮をむいて、半分は皮付きのまま3㎜の厚さに切る。レモン汁をまぶしたら、フライパンにりんごと水50㎖を入れて蓋をし、中火にかける。蒸気が上がって温まってきたら、火を弱めて3～4分蒸し焼きにする。蓋を取って砂糖、バター半量を加えて炒める。しんなりしたら取り出して冷まし、カッテージチーズとシナモンを混ぜる。
2 餃子の皮の中央に10等分した1をのせてフチに水をつけ、その上に餃子の皮をかぶせてくっつけ、円盤状に成形する。耐熱皿に残りのバターを入れて電子レンジで10秒加熱して溶かし、シナモン少々（分量外）を混ぜる。それを餃子の上の皮のフチに塗り、円周全体を少しずつ折り込む。
3 小さめのフライパンに揚げ油を熱し、2の両面が色づくまで揚げ焼きにする。

おすすめ
副菜 主菜と合わせて30分で完成!

もやしのナムル

ゆでた鍋で和えると
余熱で味がなじみやすい

材料(2～3人分)

もやし…1袋
豆苗…1／2パック
ごま油…少々
A
ごま油…大さじ1／2
塩…小さじ1／3
にんにく(すりおろし)
…小さじ1／3
鶏ガラスープの素(顆粒)
…小さじ1／2
しょうゆ…少々

作り方

1 湯が沸いた鍋に、もやしを入れ、ごま油を加える。約50秒ゆでたら半分に切った豆苗を加え混ぜ、ざるにあげる。
2 1をすぐに鍋にもどして、Aを加えて混ぜる。しょうゆで味をととのえ、皿に盛る。

春雨としめじ、卵のスープ

餃子の焼き上がりに合わせて
卵を入れればタイミング◎

材料(2～3人分)

春雨…30g
しめじ…1／2パック
卵…1個
長ねぎ…10cm
A
鶏ガラスープの素(顆粒)
…小さじ2
塩…小さじ2／3
しょうゆ、ごま油…各少々

作り方

1 春雨はさっとすすいでキッチンばさみで半分の長さに切っておく。しめじは石突きを切り落として、子どもが食べやすい大きさに刻む。長ねぎは縦半分に切ってから斜め薄切りにする。卵は溶きほぐす。
2 鍋に湯800mℓを沸かし、A、しめじを入れる。再び沸騰したら、春雨と長ねぎを加えて5分煮る。しょうゆ、ごま油で味をととのえる。
3 1の卵液を菜箸などにつたわせながら回し入れて、卵がふわっと浮き上がってきたらできあがり。

餃子アレンジ

一杯で大満足の
ボリューム満点味噌汁

餃子味噌汁

材料(3人分)

基本の餃子…3～6個
※生のままでも、冷凍したものを解凍して入れてもOK。
チンゲン菜…1株
かつお節…大きくひとつかみ
味噌…大さじ2～3

作り方

1 チンゲン菜は1cm幅に切る。湯500mℓを沸かし、味噌こしにかつお節を入れて沈め、菜箸でかつお節を軽く混ぜる。弱火で1～2分煮出して引き上げる。
2 チンゲン菜と餃子を入れて2～3分煮る。味噌を溶き入れて温まったら火を止める。

recipe 12

ジューシーBBQチキンスティック&野菜の串焼き

下味をつけるだけだから簡単 ジューシーなお肉をほおばって

BBQや焼肉って、なんだかちょっと興奮しちゃう。焼きながら食べる、っていうのがうれしいのかしら。お外で煙をもくもくあげながらムシャムシャとお肉をほおばろう。「ワイルドだろぉ」なんて古いギャグも言っちゃったりして。遊びと一緒になっているところもうれしいんだね。下味をつけておけば、焼くまでの間に味も染みるし、傷みにくいんです。

でももちろん、フライパンやオーブンでも焼けるよ。デザートには皮ごと焼きバナナ。真っ黒に焼けた皮の中のバナナはあつあつのトロトロ、チーズとはちみつも相性抜群。

ボリュームたっぷりのおにぎらずもあれば、お腹も大満足。

イベント感満載のBBQで楽しい思い出ができるといいね!

ジューシーBBQチキンスティック&野菜の串焼き

材料(作りやすい分量)

鶏手羽中スペアリブ…500g
かぼちゃ…1/4個(約300g)
ズッキーニ…1本
にんじん…1本
〈BBQソース〉
　玉ねぎ(すりおろし)…1/4個分
　ケチャップ…100mℓ
　酢…50mℓ
　しょうゆ…大さじ2
　ウスターソース、オイスターソース、オリーブオイル…各大さじ1
　にんにく(すりおろし)、しょうが(すりおろし)…各小さじ1
〈ハーブソルトミックス〉
　塩…小さじ3/4
　好みのハーブ(パセリ、タイム、ローズマリー)…4〜5枝
　白ワイン、オリーブオイル…各大さじ1
　にんにく(すりおろし)…小さじ1/2
　粗挽き黒こしょう、オレガノ(あれば)、パプリカパウダー(あれば)…小さじ1/2

おまけ
肉を焼いているとなりで、バナナを皮付きのまま真っ黒になるまで焼く(家で作る場合は魚焼きグリルでも)。皮をむいて温めたカマンベールチーズとはちみつ(ともに適量)を添えると立派なデザートに!

1 ソースを作る
BBQソースの材料をすべて混ぜ合わせる。ハーブソルトミックスのハーブは枝を除き細かく刻み、他の材料と混ぜ合わせる。

Point
1 肉は調味料をもみ込んだら20分以上置いてしっかりと味をなじませる。
2 BBQソースは焦げやすいので火加減に注意。アルミホイルに包んで焼いても。

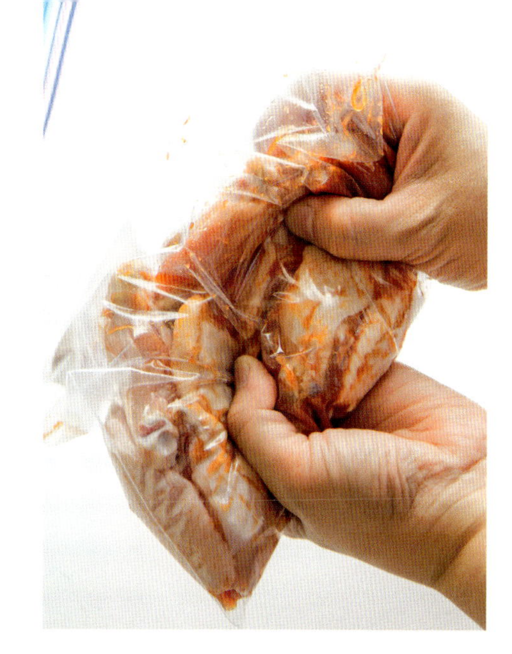

2 肉に下味をつける

鶏手羽中はペーパータオルで水けを押さえ、2枚のポリ袋に半量ずつ入れる。BBQソース、ハーブソルトをそれぞれ1／3量入れて、袋の上からもみ込む。

※外で焼く場合は持って行く間に味がなじむ。家で焼く場合は約20分置く。冷蔵庫で3～4日間保存可能。

3 野菜を用意する

かぼちゃは2㎝の厚さに切って、長さを半分に切る。耐熱皿に並べてラップをし、電子レンジで5分加熱する。ズッキーニとにんじんは約1.5㎝の輪切りにする。鍋ににんじんと塩少々(分量外)、ひたひたの水を入れて強火で約3分ゆで、水けを切る。にんじんが冷めたらズッキーニとにんじんを交互に竹串に刺す。

4 焼く

焼き網や鉄板を熱して、肉と野菜を焼く。鶏は仕上げにソースを塗り直すと味がしっかりとついておいしい。

※焼き網で焼く場合は焦げやすいので、写真のようにアルミホイルとオーブンペーパーを重ねたものでふんわり包んで焼くとよい。

肉をフライパンで焼く場合は

最初は蓋をして両面を4～5分焼く。火が通ったら蓋を取り弱火でじっくりと焼き色をつける。

ハーブソルトアレンジ

ハーブソルトミックスで
おめかしおかずに変身

グリルチキン

材料(2人分)

鶏もも肉…2枚(約500g)
基本のハーブソルトミックス…1/2～2/3量
赤パプリカ…1個
オリーブオイル…小さじ1～2
好みのハーブ…適宜

作り方

1. 鶏もも肉は余計な脂を取り除き、1枚を8～10等分に切る。ペーパータオルで水けを押さえてポリ袋に入れ、ハーブソルトミックスを加えてもみ込む。
2. パプリカは食べやすい大きさに切る。
3. フライパンにオリーブオイルを熱して鶏肉の皮を下にして並べ入れ、強めの中火で約4分、おいしそうな焼き色がつくまで焼く。裏返して、パプリカを加える。さらに中火で約3分焼いたら、火を強めて混ぜながら仕上げる。あればハーブを添える。

BBQソースアレンジ

あまったソースで煮込むだけ
短時間で鶏肉はほろほろに

チキンスペアリブのBBQソース煮

材料(2～3人分)

鶏手羽中スペアリブ…300g
基本のBBQソース…1/2量
いんげん…100g

作り方

1. 鶏手羽中はペーパータオルなどで水けを拭く。いんげんは半分の長さに切る。
2. 鍋にBBQソースと水200㎖を入れて煮立てる。手羽中を加えて、再び煮立ったらアクを取る。クッキングペーパーなどで落とし蓋をし、強めの中火で10分煮る。いんげんを加えて中火にしてさらに7～10分煮る。落とし蓋を取り、火を強めて煮汁を飛ばすようにからめながら照りを出す。

おすすめ 副菜 主菜と合わせて30分で完成!

スパムと卵のおにぎらず

カリッと焼いたスパムにふんわり卵。見た目も◎

材料(4人分)

温かいごはん…茶碗4杯分
スパム缶…大1缶(400g)
卵…4個
A
　昆布茶…小さじ1/3
　塩、こしょう…各少々
焼き海苔(全形)…4枚
マヨネーズ…適量
サラダ油…少々

作り方

1 スパムは8等分に切る。ボウルに卵を割りほぐしてAと混ぜる。
2 フライパンにサラダ油を熱し、スパムを並べる。両面をこんがりと焼いたら一度取り出す。同じフライパンに1の卵液の半量を入れて、薄めの卵焼きを作って取り出し半分に切る。残りも同様に焼く。
3 海苔の角を手前に置いて、中心にごはんを茶碗1/2杯分のせ、約7cm×10cmに広げる。上に2の卵焼きをのせマヨネーズを細く絞り、スパム2切れをのせる。その上に残りのごはん茶碗1/2杯分をのせて広げ、海苔の四隅を中心に集めて包む。残り3つも同様に作り、少し置いて海苔がなじんだら、半分、または4等分に切る。

カレー風味のコールスロー

子どもが大好きなカレー味
ツナの旨味を野菜にまとわせます

材料(4人分)

キャベツ…1/4玉(350~400g)
ピーマン(緑、赤)…各1個
にんじん…1/3本
A
　酢、オリーブオイル…各大さじ1
　カレー粉…小さじ1弱
　にんにく(すりおろし)…小さじ1/3
ツナ缶…小1缶
塩…小さじ1/3
砂糖(あればきび砂糖)…小さじ1/2
マヨネーズ…大さじ2~3

作り方

1 キャベツは8mm幅、長さ3~4cmの細切りにする。塩と砂糖を振って混ぜ、しっかりともんでおく。ピーマンとにんじんは約5mm角の粗みじん切りにする。
2 Aを耐熱ボウルに入れてラップをし、電子レンジで30秒加熱する。
3 ポリ袋に1、2を入れて混ぜる。汁を切ったツナとマヨネーズも加えてさらに混ぜる。

BBQソースアレンジ

細長く切ると火の通りがスピーディ
豪快にかぶりついて食べよう

ステーキ肉&厚切り肉のお肉スティック

材料(3人分)

牛赤身ステーキ肉…2枚(約300g)
豚肩ロース肉(とんカツ用)…2枚(250~300g)
基本のBBQソース…1/2量

作り方

1 牛肉と豚肉は両面全体に斜めに浅く切り込みを入れてから、約2cm幅の横長に切る。BBQソースをもみ込み、10分以上置いて下味をつける。それぞれを鉄串などに1本ずつ縫うようにして刺す。
2 焼き網で焼く場合はよく熱して、網にオリーブオイル適量(分量外)を塗ってからのせ、両面を焼く。フライパンや鉄板、ホットプレートなどで焼いてもOK。

recipe 13

ふわふわ卵サンド&チキンカツサンド

「お店で作るよりおいしい」自慢のサンドイッチ

子どもの頃の私は、父が時々買ってきてくれる、おみやげのカツサンドが大好きだったなぁ。しっかりソースが染みた衣の、分厚いカツをはさんだ一口大のサンドイッチは、今でも大好物。そのカツサンドを自分で作ることができたときは、うれしかった。肉に衣をつけて揚げて、ソースをかけてサンドする。頭の中で手順を確認して、材料を用意してスタートすれば大丈夫。焦らず作れば絶対にうまくいくよ。最近人気のボリュームある卵サンドも、いざ作ってみると意外に簡単、どちらもきっと自慢の得意料理になるから。

「お店で売っているのよりずっとおいしいなんて、すごいねー!」って言われたら、むくむくと自信がついて元気が出そうです。

料理ってやっぱり楽しい!

お弁当 ランチにも

ふわふわ卵サンド&チキンカツサンド

材料(作りやすい分量)

8枚切り食パン…8枚※各4枚使用。

〈ふわふわ卵サンド〉
卵…5個
マヨネーズ…適量
サラダ油…大さじ1
A
牛乳、マヨネーズ…各大さじ2
塩…小さじ1／3～1／2
昆布茶…小さじ1／3
こしょう…少々

〈チキンカツサンド〉
鶏むね肉…小2枚
B
薄力粉…大さじ4
卵…1個
パン粉…適量
レタス…2枚
塩、こしょう…各少々
中濃ソース…大さじ3～4
レモン汁…小さじ1
揚げ油…適量
マヨネーズ、バター…各適量

1 スクランブルエッグを作る

卵サンド用のパン2枚に（残りの2枚はそのまま）、マヨネーズを薄く塗る。チキンカツサンド用のパン4枚に、室温にもどしたバターを薄く塗る。ボウルにAを入れて混ぜ、卵を割り入れてよく溶きほぐす。フライパンにサラダ油を中火でよく熱し、卵液を入れる。フチがふくらんできたら、中心に向かってへらで大きく混ぜる。ゆるく固まりかけたら取り出す。

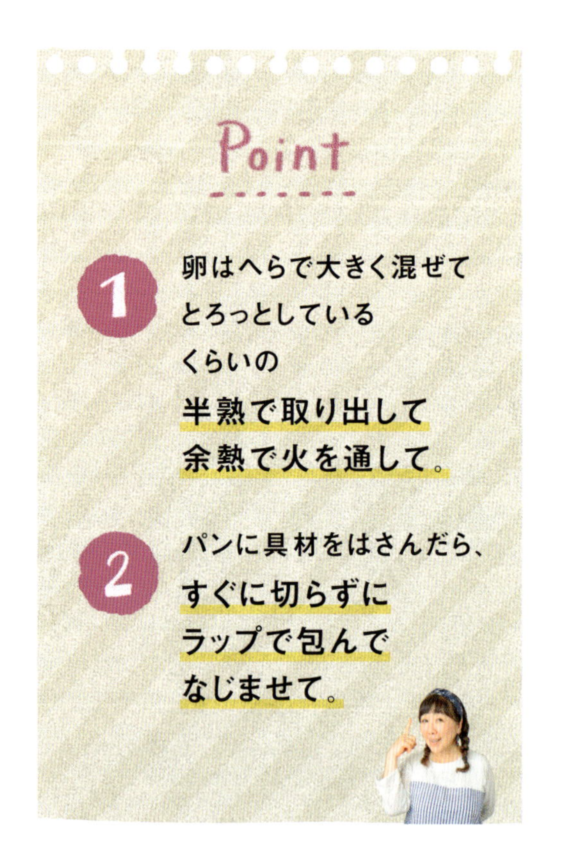

Point
1
卵はへらで大きく混ぜて
とろっとしている
くらいの
半熟で取り出して
余熱で火を通して。
2
パンに具材をはさんだら、
すぐに切らずに
ラップで包んで
なじませて。

2 衣をつける

鶏肉は皮を取り除いて、身の厚い部分を削ぐように切り、薄い部分に合わせて厚さを均等にする。塩、こしょうを振る。Bに水大さじ1を加えてよく混ぜ、鶏肉につけたら、手で包むようにしてパン粉をしっかりとつける。

3 揚げる

フライパンに深さ2㎝になるよう揚げ油を入れて熱する。菜箸を入れて箸の先から小さめの気泡が出てくる温度（170℃）になったら、2を入れてきつね色になるまで約3分揚げる。裏返してさらに3分揚げ、油を切る。

4 味をつける

バットにソース、レモン汁を混ぜ合わせ、3にしっかりとまぶす。

※1／3量を残しておき、残りはアレンジレシピに使うのがおすすめ。

5 仕上げる

マヨネーズを塗ったパンに1をのせ、好みでマヨネーズ少々を絞り、マヨネーズを塗っていないパンではさんで、ラップで包む。バターを塗ったパンに大きくちぎったレタスをのせてマヨネーズ少々（分量外）を絞り、4のチキンカツをのせる。パンではさみ、ラップで包む。少し置いてなじんだら両方とも半分に切る。

卵サンドアレンジ

カラフル食材を合わせて
彩りよく朝ごはんにもぴったり

かに玉ロールサンド

材料（2人分）

食パン（サンドイッチ用）…6枚
卵…3個
ピーマン…1個
にんじん…2cm
かに風味かまぼこ…3本
A
牛乳、マヨネーズ…各大さじ1
塩…小さじ1／3
サラダ油…小さじ2
バター…適量
好みのスティック野菜…適宜

作り方

1 ピーマンとにんじんはみじん切りにする。かに風味かまぼこは縦半分に割く。ボウルにAを混ぜてから卵を割り入れてよく混ぜる。
2 フライパンにサラダ油を熱し、1のピーマン、にんじんを入れる。温まったら1の卵液を入れて大きくかき混ぜる。ふんわりと火が通ったら取り出す。
3 パンに薄くバターを塗る。幅15cmに切ったラップを縦長に置き、パンをのせる。パンの手前から半分くらいまで2を等分にのせ、真ん中にかに風味かまぼこを1本ずつのせてラップごと端から巻く。半分に切って盛りつける。好みでスティック野菜を添える。

チキンカツのテクアレンジ

ジューシーなカツと濃厚なソースの絶妙な組み合わせ

チキン味噌カツ丼

材料（2～3人分）

温かいごはん…茶碗2～3杯分
鶏もも肉…1枚（約250g）
A
薄力粉…大さじ2
溶き卵…1／2個分
水…大さじ1／2
パン粉…適量
玉ねぎ…1／4個
アボカド…1／2個
レモン汁…少々
B
味噌、みりん…各大さじ2
はちみつ…小さじ1
こしょう…少々
揚げ油…適量
マヨネーズ、万能ねぎ…適宜

作り方

1 鶏肉は余計な脂を取り除き、こしょうを振る。バットにAを入れて混ぜ、鶏肉につける。さらにパン粉をつけて揚げ油を熱し、基本のチキンカツより、約1分長めに揚げる。食べやすい大きさに切る。
2 玉ねぎは薄切りにし、酢水（分量外）に放してからざるにあげ、水けを切る。アボカドは食べやすい大きさに切ってレモン汁をまぶす。
3 耐熱ボウルにBを混ぜてラップをし、電子レンジで40～50秒加熱する。
4 ごはんに1、2をのせて3のタレをかける。好みでマヨネーズや万能ねぎを振っていただく。

おすすめ **副菜** 主菜と合わせて30分で完成！

ひよこ豆のサラダ

ベーコンの旨味をまとわせて
コロッとした豆の食感がアクセント

材料（2〜3杯分）
ひよこ豆（水煮）…150g
かぼちゃ…1／5個（約250g）
玉ねぎ…1／4個
ベーコン（ブロック）…40g
A
オリーブオイル…大さじ2
酢…小さじ2
はちみつ…小さじ1
塩…小さじ1／2
こしょう…少々

作り方
1 かぼちゃは1.5cm幅に切り、耐熱皿に並べる。ラップをし、電子レンジで4～5分竹串がすっと通るまで加熱する。粗熱が取れたら約1cm角に切る。玉ねぎはみじん切りにし、ベーコンは1cm幅の棒状に切る。
2 フライパンにベーコンを入れて脂がにじみ出てくるまで、弱火で時々混ぜながら炒める。取り出してペーパータオルの上に並べて冷ます。
3 ひよこ豆はさっとゆでてざるにあげる。
4 ボウルにAをすべて入れて混ぜ、3がまだ熱いうちに加える。2も加えて混ぜ、粗熱が取れたら1のかぼちゃと玉ねぎを加える。

ジンジャーチャイ&黒糖ラテ

シナモンを効かせた本格ドリンク
デザートがわりに味わって

材料（各2杯分）
〈ジンジャーチャイ〉
紅茶のティーバッグ…2個
しょうが（薄切り）…3枚
カルダモン（あれば）…2粒
牛乳…300㎖
A
きび砂糖…大さじ1と1／2～2
シナモンパウダー…小さじ1／4

〈黒糖ラテ〉
生クリーム…70㎖
きび砂糖…小さじ1
B
牛乳…400㎖
黒糖…小さじ3～4
シナモンパウダー…少々

作り方
〈ジンジャーチャイ〉
1 小鍋に水200㎖としょうが、爪先などで割って皮を開いたカルダモンを入れ、中火にかける。煮立ったら紅茶のティーバッグを入れ、3～4分弱火で煮出す。
2 1に牛乳を加えて温まったら、Aを入れて混ぜる。しょうが、カルダモン、ティーバッグを取り出して冷まし、好みで氷を入れたカップに注ぐ。

〈黒糖ラテ〉
1 ボウルに生クリーム、きび砂糖を入れてふんわりするまで泡立てる。
2 小鍋にBを入れて混ぜ、中火にかけ砂糖を溶かす。溶けたらカップに注いで1の生クリームをのせ、シナモンパウダーを振る。

卵サンドのテクアレンジ

トマトの酸味が光る中華の定番
フライパンをよく熱するのがコツ

トマたま炒め

材料（3人分）
トマト…2個
卵…3個
キクラゲ（生）…30g
A
牛乳、マヨネーズ…各大さじ1
塩…小さじ1／3
こしょう…少々
にんにく（みじん切り）…小1片分
サラダ油…大さじ2と1／2
B
酒…大さじ1
鶏ガラスープの素（顆粒）…小さじ1／2
ナンプラーまたは薄口しょうゆ…小さじ2
こしょう…適宜

作り方
1 トマトは食べやすい大きさの乱切りに、キクラゲは石突きを切り落とし、食べやすい大きさに割く。
2 ボウルにAを混ぜて卵を加え、溶きほぐす。別のボウルにBを混ぜ合わせておく。
3 フライパンにサラダ油大さじ2を入れて中火でよく熱し、2の卵液を流し入れる。フチがふくらんできたら大きく混ぜて半熟の状態で取り出す。
4 残りのサラダ油とにんにくを加えて香りが立ってきたら、トマトとキクラゲを加えて強火で炒める。トマトが温まったら卵をもどし入れてBを加え、味をととのえる。好みでこしょうを振る。

材料別さくいん

●…メイン　◆…アレンジ　▲…副菜　★…デザート

肉・加工品

牛肉

◆肉巻きおむすび……32
◆大根のすき焼き……32
▲牛たたきのマリネ……39
●肉じゃが……62
◆肉じゃが入り田舎風オムレツ……64
◆ちょっと和風サモサ……64
◆肉じゃがポテトサラダ……65
◆ステーキ肉&厚切り肉のお肉スティック……85

豚肉

●豚の照り焼き……30
◆そばめし……44
◆ハワイアンポークソテー……52
◆ステーキ肉&厚切り肉のお肉スティック……85

鶏肉

●鶏のから揚げ……10
◆鶏肉じゃが……12
◆鶏南蛮……12
◆から揚げロール……13
◆チキンとトマトのグラタン……59
●BBQチキンスティック&野菜の串焼き……82
◆グリルチキン……84
◆チキンスペアリブのBBQソース煮……84
●卵サンド&チキンカツサンド……88
◆チキン味噌カツ丼……90

ひき肉

●ハンバーグ……16
◆チーズハンバーグ……18
◆ミートボールピラフ……18
◆揚げないビッグメンチカツ……19
●コロッケ……22
◆コロッケグラタン……24
◆くずしコロッケサンド……25
●ミートソーススパゲティ……50
◆ミートソースのアボカドカップグラタン……52
◆キャベツごはんのミートソースがけ……53
●中華風の鶏団子鍋……70
◆皿うどん風あんかけ焼きそば……72
◆白菜シューマイ……72
◆お弁当鶏つくね……73
●焼き餃子……76
◆餃子入り中華風オムレツ……78
◆餃子味噌汁……79

肉加工品

◆まんまるコロッケ……24
◆そうめんチャンプルー……38
◆ナシゴレン……44
◆ミートソースのアボカドカップグラタン……52
▲スパムと卵のおにぎらず……85
▲ひよこ豆のサラダ……91

魚介・魚加工品・海藻

エビ

●エビマカロニグラタン……56
◆グラタンコロッケ……58

かに風味かまぼこ

▲そうめんサラダ……39
◆あんかけチャーハン……45
◆かに玉ロールサンド……90

かまぼこ

●中華風の鶏団子鍋……70

鮭

●鮭とレタスのチャーハン……42
◆サーモンクリームシチュー……58

たら

◆たらの照り焼き……33

ツナ

◆焼きそうめんのトマトあんかけ……38
▲カレー風味のコールスロー……85

ちくわ

▲厚揚げとちくわの煮物……45

海藻

▲豆腐とわかめの味噌汁……33
●そうめん……36

卵・豆腐・大豆製品・その他豆

卵

●鶏のから揚げ……10
◆鶏南蛮……12
▲残り物お味噌汁……13
●コロッケ……22
◆くずしコロッケサンド……25
▲トマトのサラダ……25
◆大根のすき焼き……32
●鮭とレタスのチャーハン……42
◆ナシゴレン……44
◆あんかけチャーハン……45

▲キャベツと卵のスープ……53
◆グラタンコロッケ……58
◆肉じゃが入り田舎風オムレツ……64
◆餃子入り中華風オムレツ……78
▲春雨としめじ、卵のスープ……79
▲スパムと卵のおにぎらず……85
●卵サンド&チキンカツサンド……88
◆かに玉ロールサンド……90
◆トマたま炒め……91

豆腐
▲豆腐ディップと蒸し野菜……13
▲豆腐とわかめの味噌汁……33
●そうめん……36

大豆製品
▲厚揚げとちくわの煮物……45
▲〆のごま風味めん……73

その他豆
▲レンジ蒸しなすのサラダ仕立て……39
▲ひよこ豆のサラダ……91

乳製品

牛乳
▲カレースープ……25
●エビマカロニグラタン……56
◆サーモンクリームシチュー……58
◆グラタンコロッケ……58
◆チキンとトマトのグラタン……59
★おうち杏仁豆腐……73

★ジンジャーチャイ&黒糖ラテ……91

チーズ
▲マッシュルームソテー……16
◆チーズハンバーグ……18
▲かぶのポタージュ……19
◆まんまるコロッケ……24
◆コロッケグラタン……24
◆ミートソースのアボカドカップグラタン……52
◆キャベツごはんのミートソースがけ……53
▲キャベツと卵のスープ……53
●エビマカロニグラタン……56
◆グラタンコロッケ……58
◆チキンとトマトのグラタン……59
★アップルパイ風デザート餃子……78

生クリーム
★ジンジャーチャイ&黒糖ラテ……91

野菜・きのこ類

青じそ
●そうめん……36

アスパラガス
▲カレースープ……25
◆あんかけチャーハン……45
▲厚揚げとちくわの煮物……45

いんげん
◆まんまるコロッケ……24
▲牛たたきのマリネ……39
●肉じゃが……62
◆肉じゃが入り田舎風オムレツ……64
◆ちょっと和風サモサ……64
◆肉じゃがポテトサラダ……65
◆チキンスペアリブのBBQソース煮……84

オクラ
●そうめん……36

かぶ
▲豆腐ディップと蒸し野菜……13
▲残り物お味噌汁……13
▲マッシュルームソテー……16
▲かぶのポタージュ……19

かぼちゃ
▲牛たたきのマリネ……39
●BBQチキンスティック&野菜の串焼き……82
▲ひよこ豆のサラダ……91

キャベツ
◆チーズハンバーグ……18
◆揚げないビッグメンチカツ……19
●コールスロー……22
◆そばめし……44
◆キャベツごはんのミートソースがけ……53
▲キャベツと卵のスープ……53
◆肉じゃがポテトサラダ……65
●焼き餃子……76

◆餃子入り中華風オムレツ……78
◆餃子味噌汁……79
▲カレー風味のコールスロー……85

きゅうり
▲ポテトサラダ……33
◆そうめんサラダ……39
◆ナシゴレン……44
◆肉じゃがポテトサラダ……65

小松菜
▲レタスと青菜の味噌和えサラダ……65
◆皿うどん風あんかけ焼きそば……72

里いも
▲里いもとアボカドのサラダ……19

じゃがいも
●フライドポテト……10
◆鶏肉じゃが……12
●コロッケ……22
◆まんまるコロッケ……24
◆コロッケグラタン……24
◆くずしコロッケサンド……25
▲ポテトサラダ……33
▲スナップエンドウと新じゃがのサラダ……53
◆サーモンクリームシチュー……58
●肉じゃが……62
◆肉じゃが入り田舎風オムレツ……64
◆ちょっと和風サモサ……64
◆肉じゃがポテトサラダ……65

ズッキーニ
● BBQチキンスティック&野菜の串焼き……82

スナップエンドウ
◆鶏肉じゃが……12
▲スナップエンドウと新じゃがのサラダ……53

大根
◆大根のすき焼き……32

玉ねぎ
●ハンバーグ……16
◆チーズハンバーグ……18
◆ミートボールピラフ……18
◆揚げないメンチカツ……19
▲かぶのポタージュ……19
●コロッケ……22
◆コロッケグラタン……24
▲カレースープ……25
▲トマトのサラダ……25
●豚の照り焼き……30
▲ポテトサラダ……33
◆ナシゴレン……44
●ミートソーススパゲティ……50
◆ミートソースのアボカドカップグラタン……52
◆キャベツごはんのミートソースがけ……53
▲キャベツと卵のスープ……53
●エビマカロニグラタン……56
◆サーモンクリームシチュー……58
◆グラタンコロッケ……58
◆チキンとトマトのグラタン……59
●肉じゃが……62
◆肉じゃが入り田舎風オムレツ……64
◆ちょっと和風サモサ……64
◆肉じゃがポテトサラダ……65
◆チキン味噌カツ丼……90
▲ひよこ豆のサラダ……91

チンゲン菜
▲〆のごま風味めん……73
◆餃子味噌汁……79

豆苗
▲もやしのナムル……79

とうもろこし
▲レンジ蒸しなすのサラダ仕立て……39
◆サーモンクリームシチュー……58
◆白菜シューマイ……72

トマト
◆から揚げロール……13
◆チーズハンバーグ……18
◆まんまるコロッケ……24
◆コロッケグラタン……24
▲トマトのサラダ……25
◆焼きそうめんのトマトあんかけ……38
◆ナシゴレン……44
●ミートソーススパゲティ……50
◆ミートソースのアボカドカップグラタン……52
◆キャベツごはんのミートソースがけ……53
◆チキンとトマトのグラタン……59
▲モロッカン・ガーリックトースト&温野菜……59
◆トマたま炒め……91

なす
▲レンジ蒸しなすのサラダ仕立て……39
◆ナシゴレン……44

にら
◆そうめんチャンプルー……38

にんじん
▲豆腐ディップと蒸し野菜……13
◆チーズハンバーグ……18
▲カレースープ……25
▲ポテトサラダ……33
◆そばめし……44
●ミートソーススパゲティ……50
◆ミートソースのアボカドカップグラタン……52
◆キャベツごはんのミートソースがけ……53
●肉じゃが……62
◆肉じゃが入り田舎風オムレツ……64
◆ちょっと和風サモサ……64
◆肉じゃがポテトサラダ……65
●中華風の鶏団子鍋……70
◆皿うどん風あんかけ焼きそば……72
● BBQチキンスティック&野菜の串焼き……82
▲カレー風味のコールスロー……85
◆かに玉ロールサンド……90

ねぎ
▲かぶのポタージュ……19
◆大根のすき焼き……32
●そうめん……36
◆焼きそうめんのトマトあんかけ……38
●鮭とレタスのチャーハン……42
▲ザーサイスープ……45
◆皿うどん風あんかけ焼きそば……72
●焼き餃子……76
◆餃子入り中華風オムレツ……78
◆餃子味噌汁……79
▲春雨としめじ、卵のスープ……79

白菜
●中華風の鶏団子鍋……70
◆皿うどん風あんかけ焼きそば……72
◆白菜シューマイ……72

パプリカ
●コールスロー……22
▲モロッカン・ガーリックトースト&温野菜……59

●…メイン ◆…アレンジ ▲…副菜 ★…デザート

◆グリルチキン……84

ピーマン
◆コロッケグラタン……24
◆ナシゴレン……44
▲カレー風味のコールスロー……85
◆かに玉ロールサンド……90

ブロッコリー
▲豆腐ディップと蒸し野菜……13
▲残り物お味噌汁……13
▲モロッカン・ガーリックトースト&温野菜……59

ベビーリーフ
◆から揚げロール……13

ほうれん草
◆サーモンクリームシチュー……58

もやし
◆たらの照り焼き……33
◆そうめんチャンプルー……38
▲もやしのナムル……79

レタス
◆鶏南蛮……12
◆くずしコロッケサンド……25
●豚の照り焼き……30
▲そうめんサラダ……39
●鮭とレタスのチャーハン……42
▲レタスと青菜の味噌和えサラダ……65
●卵サンド&チキンカツサンド……88

きのこ類
▲マッシュルームソテー……16
◆ミートボールピラフ……18
◆あんかけチャーハン……45
▲ザーサイスープ……45
●ミートソーススパゲティ……50
◆ミートソースのアボカドカップグラタン……52
◆キャベツごはんのミートソースがけ……53
●エビマカロニグラタン……56
◆グラタンコロッケ……58
◆チキンとトマトのグラタン……59
▲いろいろきのこの炊き込みごはん……65
●中華風の鶏団子鍋……70
◆皿うどん風あんかけ焼きそば……72
▲春雨としめじ、卵のスープ……79
◆トマたま炒め……91

果物

アボカド
▲里いもとアボカドのサラダ……19
◆ミートソースのアボカドカップグラタン……52
◆肉じゃが入り田舎風オムレツ……64
◆チキン味噌カツ丼……90

その他果物
◆ハワイアンポークソテー……52
★子どものサングリア&大人の白サングリア……59
★おうち杏仁豆腐……73
★アップルパイ風デザート餃子……78

漬け物

▲ザーサイスープ……45
●中華風の鶏団子鍋……70
◆皿うどん風あんかけ焼きそば……72

ごはん・餅・めん類・パン類

ごはん
◆ミートボールピラフ……18
◆肉巻きおむすび……32
●鮭とレタスのチャーハン……42
◆そばめし……44
◆ナシゴレン……44
◆あんかけチャーハン……45
◆キャベツごはんのミートソースがけ……53
▲いろいろきのこの炊き込みごはん……65
▲スパムと卵のおにぎらず……85
◆チキン味噌カツ丼……90

餅
●中華風の鶏団子鍋……70
◆皿うどん風あんかけ焼きそば……72

めん類
●そうめん……36
◆そうめんチャンプルー……38
◆焼きそうめんのトマトあんかけ……38
◆そうめんサラダ……39
◆そばめし……44
●ミートソーススパゲティ……50
●エビマカロニグラタン……56
◆グラタンコロッケ……58
◆チキンとトマトのグラタン……59
◆皿うどん風あんかけ焼きそば……72
▲〆のごま風味めん……73

パン
◆から揚げロール……13
◆くずしコロッケサンド……25
▲モロッカン・ガーリックトースト&温野菜……59
●卵サンド&チキンカツサンド……88
◆かに玉ロールサンド……90

枝元なほみ

えだもとなほみ／料理研究家。劇団で役者兼賄いを務めるかたわら、無国籍レストランのシェフを経て、料理研究家に。オリジナリティあふれるレシピと、気さくな人柄が人気。「エダモン」の愛称で親しまれ、テレビ、ラジオ、雑誌で大活躍。農業支援活動「チームむかご」主宰。

撮影／竹内章雄
スタイリング／中山暢子
デザイン／坂従智彦（Concent, Inc.）
描き文字／佐藤かおり
校正／ぷれす、原陽子
編集／髙田真莉絵

＊本書は「kodomoe」2015年12月号～2017年10月号
掲載の連載ページに撮りおろしを加え、再構成したものです。

2018年3月10日　初版発行

著　者　枝元なほみ　©Nahomi Edamoto 2018
発行人　菅原弘文
発行所　株式会社 白泉社
〒101-0063　東京都千代田区神田淡路町 2-2-2
電　話　03-3526-8095（編集）03-3526-8010（販売）03-3526-8020（制作）
印刷・製本　図書印刷株式会社

kodomoe web　http://kodomoe.net
白泉社ホームページ　http://www.hakusensha.co.jp
HAKUSENSHA Printed in Japan　ISBN 978-4-592-73299-0